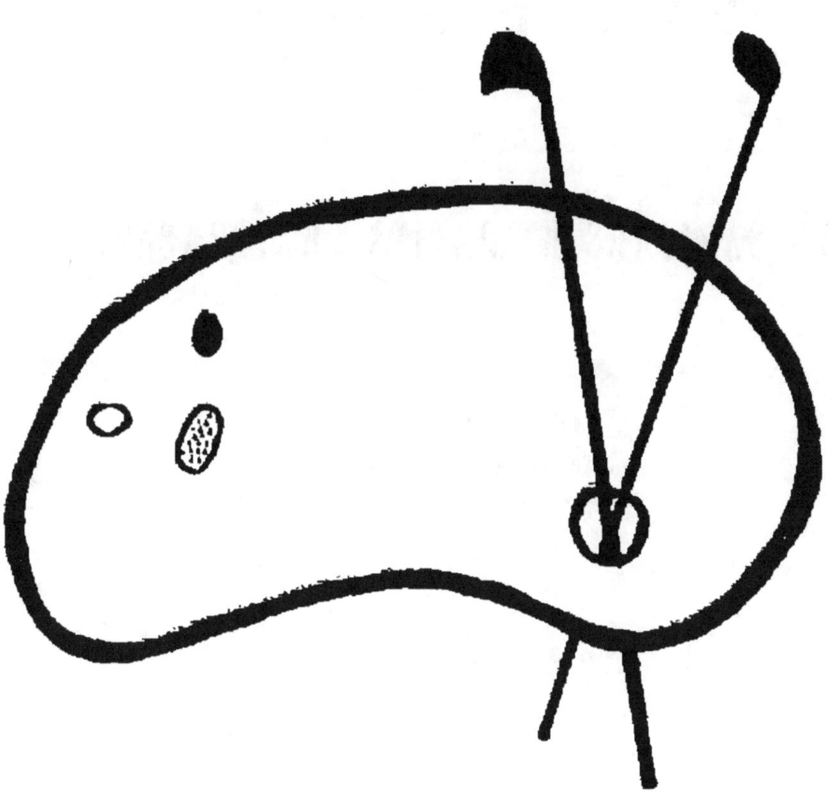

DÉBUT D'UNE SÉRIE DE DOCUMENTS
EN COULEUR

LA

SAISIE-ARRÊT

SUR

LES SALAIRES ET PETITS TRAITEMENTS

PAR

LOUIS ZÉGLICKI

Juge d'instruction, docteur en droit,
Membre associé correspondant de l'Académie de Toulouse.

PARIS

LIBRAIRIE COTILLON

F. PICHON, SUCCESSEUR, IMPRIMEUR-ÉDITEUR,

Libraire du Conseil d'État et de la Société de législation comparée

24, RUE SOUFFLOT, 24.

—

1895

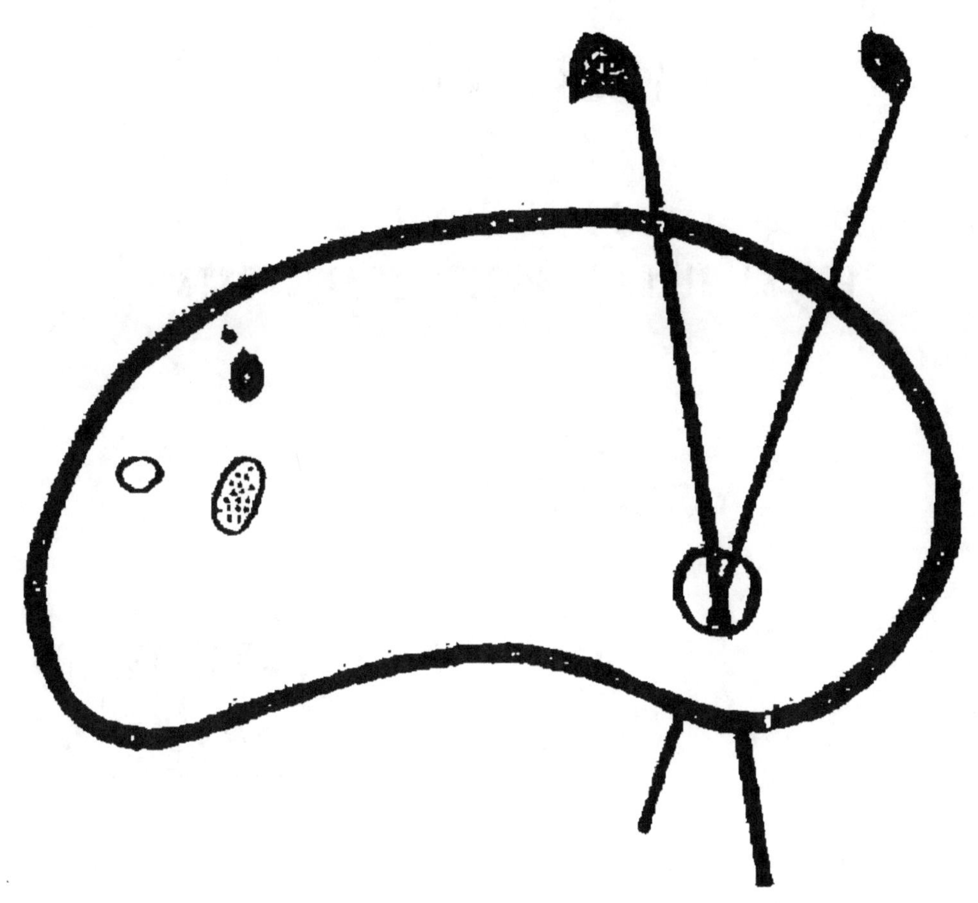

FIN D'UNE SERIE DE DOCUMENTS
EN COULEUR

LA
SAISIE-ARRÊT

SUR

LES SALAIRES ET PETITS TRAITEMENTS

PAR

LOUIS ZÉGLICKI

Juge d'instruction, docteur en droit,
Membre associé correspondant de l'Académie de Toulouse.

PARIS

LIBRAIRIE COTILLON

F. PICHON, SUCCESSEUR, IMPRIMEUR-ÉDITEUR,

Libraire du Conseil d'État et de la Société de législation comparée

24, RUE SOUFFLOT, 24.

1895

SAISIE-ARRÊT

LES SALAIRES ET PETITS TRAITEMENTS

TEXTE

DE LA LOI DU 12 JANVIER 1895.

TITRE Iᵉʳ.

SAISIE-ARRÊT.

Art. 1ᵉʳ. — Les salaires des ouvriers et gens de service ne sont saisissables que jusqu'à concurrence du dixième, quel que soit le montant de ces salaires.

Les appointements ou traitements des employés ou commis et des fonctionnaires ne sont également saisissables que jusqu'à concurrence du dixième lorsqu'ils ne dépassent pas 2.000 francs par an.

Art. 2. — Les salaires, appointements et traitements visés par l'art. 1ᵉʳ ne pourront être cédés que jusqu'à concurrence d'un autre dixième.

Art. 3. — Les cessions et saisies faites pour le paiement

des dettes alimentaires prévues par les art. 203, 205, 206, 207, 214 et 349 du Code civil ne sont pas soumises aux restrictions qui précèdent.

Art. 4. — Aucune compensation ne s'opère au profit des patrons entre le montant des salaires dus par eux à leurs ouvriers et les sommes qui leur seraient dues à eux-mêmes pour fournitures diverses, quelle qu'en soit la nature, à l'exception toutefois :

1° Des outils ou instruments nécessaires au travail;

2° Des matières et matériaux dont l'ouvrier a la charge et l'usage;

3° Des sommes avancées pour l'acquisition de ces mêmes objets.

Art. 5. — Tout patron qui fait une avance en espèces en dehors du cas prévu par le § 3 de l'art. 4 qui précède ne peut se rembourser qu'au moyen de retenues successives ne dépassant pas le dixième du montant des salaires ou appointements exigibles.

La retenue opérée de ce chef ne se confond ni avec la partie saisissable ni avec la partie cessible portée en l'article 2.

Les acomptes sur un travail en cours ne sont pas considérés comme avances.

TITRE II.

PROCÉDURE DE SAISIE-ARRÊT SUR LES SALAIRES ET PETITS TRAITEMENTS.

Art. 6. — La saisie-arrêt sur les salaires et les appointements ou traitements ne dépassant pas annuellement 2.000 francs, dont il s'agit à l'art. 1er de la présente loi, ne pourra être pratiquée, s'il y a titre, que sur le visa du greffier de la justice de paix du domicile du débiteur saisi.

S'il n'y a point de titre, la saisie-arrêt ne pourra être pratiquée qu'en vertu de l'autorisation du juge de paix du domicile du débiteur saisi. Toutefois, avant d'accorder l'autorisation, le juge de paix pourra, si les parties n'ont déjà été appelées en conciliation, convoquer devant lui, par simple avertissement, le créancier et le débiteur; s'il intervient un arrangement, il en sera tenu note par le greffier, sur un registre spécial exigé par l'art. 14.

L'exploit de saisie-arrêt contiendra en tête l'extrait du titre s'il y en a un, ainsi que la copie du visa, et à défaut de titre, copie de l'autorisation du juge. L'exploit sera signifié au tiers saisi ou à son représentant préposé au paiement des salaires ou traitements, dans le lieu où travaille le débiteur saisi.

Art. 7. — L'autorisation accordée par le juge évaluera ou énoncera la somme pour laquelle la saisie-arrêt sera formée.

Le débiteur pourra toucher du tiers saisi la portion non saisissable de ses salaires, gages ou appointements.

Une seule saisie-arrêt doit être autorisée par le juge. S'il survient d'autres créanciers, leur réclamation signée et déclarée sincère par eux et contenant toutes les pièces de nature à mettre le juge à même de faire l'évaluation de la créance, sera inscrite par le greffier sur le registre xigé par l'art. 14. Le greffier se bornera à en donner avis dans les quarante-huit heures au débiteur saisi et au tiers saisi, par lettre recommandée qui vaudra opposition.

Art. 8. — L'huissier saisissant sera tenu de faire parvenir au juge de paix, dans le délai de huit jours, à dater de la saisie, l'original de l'exploit, sous peine d'une amende de 10 francs qui sera prononcée par le juge de paix en audience publique.

Art. 9. — Tout créancier saisissant, le débiteur et le tiers saisi pourront requérir la convocation des intéressés devant le juge de paix du débiteur saisi, par une déclaration consignée sur le registre spécial prévu en l'art. 14.

Dans les quarante-huit heures de cette réquisition, le greffier adressera : 1° au saisi; 2° au tiers saisi; 3° à tous autres créanciers opposants, un avertissement recommandé à comparaître devant le juge de paix à l'audience que celui-ci aura fixée.

A cette audience ou à toute autre fixée par lui, le juge de paix prononçant sans appel dans la limite de sa compétence, et à charge d'appel à quelque valeur que la demande puisse s'élever, statuera sur la validité, la nullité ou la mainlevée de la saisie, ainsi que sur la déclaration affirmative, que le tiers saisi sera tenu de faire audience tenante.

Le tiers saisi qui ne comparaîtra pas, ou qui ne fera pas sa déclaration, ainsi qu'il est dit ci-dessus, sera déclaré débiteur pur et simple des retenues non opérées et condamné aux frais par lui occasionnés.

Art. 10. — Si le jugement est rendu par défaut, avis de ses dispositions sera transmis par le greffier à la partie défaillante, par lettre recommandée, dans les cinq jours du prononcé.

L'opposition qui ne sera recevable que dans les huit jours de la date de la lettre, consistera dans une déclaration à faire au greffe de la justice de paix, sur le registre prescrit par l'art. 14.

Toutes parties intéressées seront prévenues, par lettre recommandée du greffier, pour la plus prochaine audience utile. Le jugement qui interviendra sera réputé contradictoire. L'appel relevé contre le jugement contradictoire sera formé dans les dix jours du prononcé du jugement, et, dans le cas où il aurait été rendu par défaut, du jour de l'expiration des délais d'opposition, sans que, dans le cas du jugement contradictoire, il soit besoin de le signifier.

Art. 11. — Après l'expiration des délais de recours, le juge de paix pourra surseoir à la convocation des parties intéressées tant que la somme à distribuer n'atteindra pas, d'après la déclaration du tiers saisi, et déduction faite des frais à prélever et des créances privilégiées, un chiffre suffisant pour distribuer aux créanciers connus un dividende de 20 0/0 au moins. S'il y a somme suffisante, et si les parties ne se sont pas amiablement entendues pour la répartition, le juge procédera à la distribution entre les ayants-droit. Il établira son état de répartition sur le registre prescrit par l'art. 14. Une copie de cet état, signée du juge et du greffier, indiquant le montant des frais à prélever, le montant des créances privilégiées s'il en existe, et le montant des sommes attribuées dans la répartition à chaque ayant-droit, sera transmise par le greffier, par lettre recommandée au débiteur saisi et au tiers saisi, et à chaque créancier colloqué. Ces derniers auront une action directe contre le tiers saisi en paiement de leur collocation. Les ayants-droit aux frais et aux collocations utiles donneront quittance en marge de l'état de répartition remis au tiers saisi qui se trouvera libéré d'autant.

Art. 12. — Les effets de la saisie-arrêt et les oppositions consignées par le greffier sur le registre spécial subsisteront jusqu'à complète libération du débiteur.

Art. 13. — Les frais de saisie-arrêt et de distribution seront à la charge du débiteur saisi. Ils seront prélevés sur la somme à distribuer.

Tous frais de contestation jugée mal fondée seront mis à la charge de la partie qui aura succombé.

Art. 14. — Pour l'exécution de la présente loi, il sera tenu au greffe de chaque justice de paix un registre sur papier non timbré, qui sera coté et paraphé par le juge de paix et sur lequel seront inscrits :

1° Les visas ou ordonnances autorisant la saisie-arrêt;

2° Le dépôt de l'exploit;

3° La réquisition de la convocation des parties;

4° Les arrangements intervenus ;

5° Les interventions des autres créanciers;

6° La déclaration faite par le tiers saisi;

7° La mention des avertissements ou lettres recommandées transmis aux parties;

8° Les décisions du juge de paix ;

9° La répartition établie entre les ayants-droit.

Art. 15. — Tous les exploits, autorisations. jugements décisions, procès-verbaux, états de répartition qui pourront intervenir en exécution de la présente loi seront rédigés sur papier non timbré et enregistrés gratis. Les avertissements et lettres recommandées et les copies d'état de répartition seront exempts de tout droit de timbre et d'enregistrement.

Art. 16. — Un décret déterminera les émoluments à allouer aux greffiers pour l'envoi des lettres recommandées et pour dresse de tous extraits et copies d'états de répartition.

Art. 17. — Les lois et décrets antérieurs sont abrogés en ce qu'ils ont de contraire à la présente loi.

Art. 18. — La présente loi est applicable à l'Algérie et aux colonies.

DÉCRET DU 8 FÉVRIER 1895

Portant fixation des émoluments attribués aux greffiers des justices de paix pour certains actes de la procédure de saisie-arrêt sur les salaires et petits traitements des ouvriers et employés.

Art. 1er. — Il est alloué aux greffiers des justices de paix, en dehors de tous déboursés faits par eux :

1° Pour toutes communications par lettres recommandées, 50 centimes.

Si elles contiennent notification d'un jugement par défaut, 1 fr. 75;

2° Pour chaque copie de l'état de répartition, 2 francs.

S'il n'est délivré qu'un extrait, 1 franc.

Art. 2. — Le papier destiné à la notification des jugements et des états de répartition devra être de la même qualité et des mêmes dimensions que le petit papier ou la demi-feuille visées au tableau de l'art. 3 de la loi du 13 brumaire an VII.

PRÉFACE.

Sous l'impulsion des représentants du département du Cantal, c'est-à-dire de MM. Devès, Bastid, Charmes, Lascombes, Borie et Baduel, qui s'intéressent tous et notamment M. le sénateur Baduel, aux questions ouvrières, nous avons entrepris le commentaire de la loi du 12 janvier 1895 sur les saisies des salaires des ouvriers et des petits traitements des commis, employés et fonctionnaires.

Nous avons divisé notre travail en douze chapitres suivis à la fin de formules propres à guider les magistrats et greffiers de paix dans l'application de la loi précitée. Le premier chapitre a trait : à la quotité saisissable des salaires des ouvriers et des petits traitements des employés, etc.; le deuxième : à la quotité cessible de ces salaires et petits traitements; le troisième : à la définition de ce qu'il faut entendre par « ouvriers, gens de service, employés, fonctionnaires »; le quatrième : aux éléments qui doivent entrer dans la computation des salaires et petits traitements; le cinquième : aux retenues sur le salaire, au profit du patron; le sixième : à la procédure de saisie-arrêt sur les salaires et petits traitements, avec division en deux articles, savoir : le premier article relatif aux formalités préalables à la procédure de validité de la saisie-arrêt et le deuxième, aux formalités postérieures tendant à la validité de cette même procédure; le septième : à la portée des jugements de validité de saisie-arrêt; le huitième : à la procédure de distribution amiable et judiciaire avec division en deux articles dont l'un relatif aux créanciers qui doivent figurer dans une distribution et l'autre au classement de ces créanciers; le neuvième : aux voies de recours contre la distribution judiciaire et contre la distribution amiable; le dixième : au mode de paiement des créances colloquées dans une distribution; le onzième s'occupe de formalités de détail; le douzième : de la prorogation de compétence.

COMMENTAIRE

De la loi des 12-20 janvier 1895 sur les salaires et petits traitements.

CHAPITRE 1er.

QUOTITÉ SAISISSABLE DES SALAIRES ET DES PETITS TRAITEMENTS.

L'art. 1er de la loi est ainsi conçu : Les salaires des ouvriers et gens de service, ne sont saisissables que jusqu'à concurrence du dixième, quel que soit le montant des salaires.

Les appointements ou traitements des employés ou commis et des fonctionnaires ne sont également saisissables que jusqu'à concurrence d'un dixième, lorsqu'ils ne dépassent pas 2.000 francs par an.

A la séance de la Chambre des députés du 27 juin 1893, M. Royer, de l'Aube, proposa de laisser au juge de paix du domicile du débiteur, le soin de fixer la portion saisissable du salaire des ouvriers et des appointements des commis ou employés :

M. le rapporteur Vival, député de Figeac, dans un langage ferme, sage, démocratique et juridique à la fois répondit qu'une semblable disposition, si elle était adoptée par les pouvoirs publics, serait critiquable, car elle investirait le juge d'un pouvoir arbitraire, et c'est précisément à un pareil inconvénient, fit-il justement observer, que le projet de loi a pour but d'obvier. Au palais Bourbon, la proposition de M. Royer, de l'Aube, fut écartée.

Devant le Sénat, M. Régismanzet rapporteur, s'exprima en ces termes : « Notre législation pose en principe, dit-il, dans les articles 2092 et 2093 du Code civil, que tous les biens du débiteur sont le gage commun de ses créanciers, mais cette règle a dû fléchir devant des raisons impérieuses soit d'intérêt public, soit d'humanité. Ainsi le Code de procédure civile, dans son art. 592, arrête la rigueur du droit du créancier en présence de certaines ressources suprêmes, nécessaires au débiteur malheureux, soit pour vivre, soit pour faire vivre les siens : par exemple « ne peuvent être saisis-exécutés le coucher nécessaire des saisis et de leurs enfants, les habits dont ils sont vêtus, les livres relatifs à la profession, les outils des artisans nécessaires à leurs occupations personnelles. »

L'esprit de cette dérogation ne saurait échapper à personne ; dès 1806, le législateur limitait le droit de poursuite du créancier en vertu de la considération de simple humanité, que le débiteur ne peut être privé des instruments de travail, ni paralysé dans ses dernières ressources, parce qu'il faut qu'il puisse vivre et faire vivre les siens. Entre les instruments de travail et le produit même du travail (le salaire) la corrélation s'impose : peut-on sérieusement contester que le salaire du père de famille, pour une part nécessaire tout au moins, représente un élément essentiel de son existence et de celle de sa famille? Aussi le législateur de 1806 s'est-il approché de cette règle toute d'humanité quand particulièrement en matière de saisie-arrêt et par l'art. 581 du Code de procédure civile, il a déclaré insaisissables « les provisions alimentaires adjugées par justice et les sommes et pensions pour aliments. Déjà la loi du 18 pluviôse an III avait réduit au cinquième la saisie-arrêt sur les appointements des officiers de troupes, des commissaires des guerres et de tous autres employés dans les armées ou à la suite ; par la loi du 21 ventôse an IV, les traitements des fonctionnaires publics et employés civils n'étaient déclarés saisissables que jusqu'à concurrence du cinquième sur les premiers 1.000 francs, du quart sur les 5.000 francs suivants et du tiers sur la portion excédant 6.000 francs. S'inspirant de ces dispositions législatives, la jurisprudence s'est peu à peu habituée à les étendre aux particuliers et a recherché si les gages, traitements ou salaires saisis-arrêtés n'avaient pas, suivant les circonstances et dans des limites déterminées, un caractère alimentaire les rendant insaisissables. De nombreuses décisions ont été rendues dans ce sens. La Cour de cassation a bien protesté par un arrêt de la Chambre des requêtes du 22 novembre 1853 (D. P. 53. 1. 321) qui déclare qu'aucune loi spéciale n'a affranchi le salaire des ouvriers, des saisies-arrêts, et que l'exception édictée n'a trait qu'aux sommes et pensions pour aliments ou aux provisions alimentaires adjugées par justice. Mais en dépit de cet arrêt, les décisions d'équité ont suivi leur cours et gagné finalement la Cour de cassation qui, par deux arrêts du 10 avril 1860 (D. P. 60. 1. 166) et du 29 mai 1878 (D. P. 79. 1. 22) a décidé qu'il appartenait aux tribunaux d'apprécier si les salaires ou traitements pouvaient être considérés comme alimentaires et affranchis à ce titre soit pour partie, soit pour le tout, des effets de la saisie-arrêt ; et non seulement cette jurisprudence a persisté, mais on peut affirmer encore qu'elle s'est fixée dans les habitudes judiciaires, qu'elle est acceptée dans les sociétés et les compagnies diverses, qu'elle est enfin devenue la règle universellement consacrée en cette matière. Il ne s'agit plus que de trouver la meilleure formule pour cristalliser la conception sociale en question au moyen de la fixation législative de la quotité saisissable du salaire ou du traitement.

Après discussion, les pouvoirs publics se sont mis d'accord et ont établi la quotité saisissable pour les ouvriers au dixième, et pour les employés, commis ou fonctionnaires au dixième également, lorsque les appointements ou traitements ne dépassent pas 2.000 francs.

Le texte de la loi nouvelle ne prévoit pas l'hypothèse où au moment de la saisie, ou postérieurement, les appointements s'élèvent à un chiffre supérieur à 2.000 francs ; que va-t-il se passer ? le juge de paix sera-t-il dessaisi ? ou bien au contraire deux procédures existeront-elles concurremment, l'une pour la répartition de la somme saisie en vertu de la loi ; l'autre pour la distribution des sommes applicables aux mensualités d'appointements supérieurs à 2.000 francs.

M. Le Vasseur, juge de paix à Paris, dans un article inséré au journal « *Le Moniteur des juges de paix* » pense que c'est la date de l'exploit de saisie-arrêt qui doit déterminer la juridiction devant laquelle la procédure doit s'engager : le juge de paix, dit-il, restera donc compétent si au moment où l'opposition est signifiée le traitement ne dépasse pas 2.000 francs.

Si on consulte les travaux préparatoires, on y lit ce qui suit

(V. séance du Sénat du 27 nov. 1894) : M. le sénateur Jean Dupuy prend la parole : Le texte du projet de loi, fait remarquer l'orateur, est aussi clair, aussi complet que possible et indique d'une façon très précise, la procédure spéciale qu'il faudra suivre lorsque les saisies-arrêts porteront sur les appointements ne dépassant pas 2.000 francs. Lorsque même après les oppositions et au cours de l'année, les appointements ont atteint un chiffre supérieur à 2.000 francs, vous tombez immédiatement dans le droit commun puisque l'hypothèse n'est pas prévue. La situation est donc on ne peut plus simple. Si vous envisagez ce qui se passera après cette augmentation de traitement, vous trouverez, avec le texte actuel, que la distribution par le juge de paix telle qu'elle est indiquée, fonctionnera jusqu'à concurrence de 2.000 francs et ensuite vous aurez une distribution par contribution dans les formes ordinaires, telle qu'elle est prescrite par le droit commun.

Cette réponse confirmée par le rapporteur, mit fin à l'incident.

Sur la même question, le rapporteur de la Chambre, M. Rose, s'est exprimé ainsi qu'il suit dans son rapport du 22 décembre 1894 : « Sans vouloir statuer sur toutes les situations exceptionnelles qui pourront se produire et qu'il est impossible de prévoir, votre commission pense que l'instance doit suivre son cours devant le juge de paix si elle a été régulièrement engagée devant lui ; pour savoir si le juge de paix est compétent, il faut se placer au moment de l'exploit de saisie-arrêt introductif d'instance. Le jour où cette opposition est signifiée, le traitement est-il ou non de 2.000 francs ? S'il ne dépasse pas ce chiffre, c'est le juge de paix qui est compétent pour toute l'instance ; s'il est supérieur à 2.000 francs, c'est devant le tribunal civil qu'il faut porter le débat ; nous pensons donc que c'est la date de l'opposition qui doit déterminer la juridiction devant laquelle la procédure doit s'engager ».

Devant cette divergence d'interprétations, il faut convenir que l'opinion du législateur sur la question ne se dégage pas avec précision de l'ensemble de la discussion et que la difficulté doit être résolue d'après les principes du droit commun ; or ce qui caractérise le commencement d'une instance, c'est l'exploit introductif, c'est-à-dire l'acte de procédure qui saisit le juge, dans l'espèce le juge est saisi, comme nous le verrons plus tard, par une réquisition aux fins de convocation des créanciers ; c'est cette réquisition qui constitue la demande en validité dans la procédure de la nouvelle loi ; si à ce moment le juge de paix est compétent, il restera compétent jusqu'à la fin et il répartira le dixième saisi sans se préoccuper de l'augmentation de traitement ; pour saisir cette augmentation, une nouvelle saisie, suivant les formes ordinaires, sera nécessaire et sa validité devra être poursuivie devant le tribunal civil.

Que décider dans l'hypothèse contraire, c'est-à-dire au cas où les appointements ou traitements viendront à être diminués en cours d'instance de façon à ne pas dépasser 2.000 francs par an ? Par identité de raison, le tribunal civil qui était saisi avant l'abaissement des appointements ou traitement à 2.000 francs, restera saisi en vertu de la règle romaine : *ubi acceptum est semel judicium, ibi et finem recipere debet*, mais le tribunal, bien entendu, devra réduire la quotité saisie au dixième.

Les mêmes principes sont applicables aux saisies-arrêts pratiquées avant la loi nouvelle mais non encore validées au moment de sa promulgation ; en conséquence, si une saisie-arrêt a été faite sous l'empire de l'ancienne loi et l'instance en validité engagée devant le tribunal civil, celui-ci restera compétent pour connaître de cette instance, encore qu'il s'agirait d'une saisie-arrêt sur des salaires ou traitements visés par la loi nouvelle, sauf toutefois à réduire la quotité saisie au dixième, car le jugement de validité seul fait passer la somme saisie-arrêtée sur la tête du saisissant et confère un droit acquis à celui-ci, que les événements postérieurs ne peuvent lui faire perdre, à la différence de la saisie-arrêt qui n'est qu'un simple acte conservatoire. Quant aux actes de procédure faits sous l'empire de l'ancienne loi tels que : requête, exploit de saisie-arrêt, dénonciation et contre-dénonciation, il va sans dire qu'ils restent valables (V. *Circ. du Ministère des finances du 24 août 1895).*

CHAPITRE II.

QUOTITÉ CESSIBLE DES SALAIRES ET PETITS TRAITEMENTS.

L'art. 2 porte ce qui suit : «Les salaires, appointements et traitements visés par l'art. 1er ne pourront être cédés que jusqu'à concurrence d'un autre dixième.

La cession diffère essentiellement de la saisie-arrêt ou opposition en ce que la cession attribue au cessionnaire la propriété de la chose cédée, tandis que l'opposition n'attribue pas à l'opposant la propriété de la somme arrêtée : l'opposition empêche seulement le tiers saisi de se dessaisir des fonds et donne à l'opposant le droit de se faire attribuer tout ou partie de cette somme, suivant qu'il est seul ou qu'il y a d'autres opposants.

L'art. 2 précité déclare que le traitement ou salaire visé par l'art. 1er ne peut être cédé que pour un autre dixième ce qui exclut la possibilité de saisir le dixième cessible cumulativement avec le dixième saisissable.

Il est intéressant de se demander si le dixième saisissable est cessible de telle sorte que le créancier puisse se faire céder le dixième saisissable en même temps que le dixième cessible ?

Les travaux préparatoires nous paraissent commander la négative ; voici en effet comment est conçu l'exposé des motifs du projet de loi présenté par le gouvernement sur ce point. « Il faut garantir le travailleur contre les entreprises des créanciers qui pourraient, au moyen de la cessibilité tourner la loi et réduire à néant toutes les dispositions prises à l'égard de la saisissabilité » ; cela serait facile au débiteur de mauvaise foi en cédant les deux dixièmes de son traitement à un compère... Il résulte de ces explications que le législateur n'a pas voulu que le créancier pût se faire céder le dixième saisissable en même temps que le dixième cessible.

En dehors du dixième saisissable et du dixième cessible, l'art. 5 de la loi nouvelle autorise le patron qui a fait des avances en espèces, à retenir ou à se faire céder un troisième dixième, de telle sorte que les sept autres dixièmes restent acquis en tout état de cause à l'ouvrier, c'est-à-dire à l'ouvrier qui se trouve en présence d'un créancier saisissant, d'un créancier cessionnaire et d'un patron qui a fait des avances.

L'art. 3 de la loi nouvelle est ainsi conçu : les cessions et saisies faites pour le paiement des dettes alimentaires prévues par les art. 203, 205, 206, 207, 214 et 349 du Code civil ne sont pas soumises aux restrictions dont il a été parlé ci-devant : dans le cours des travaux préparatoires, cette exception a été justifiée par la raison suivante : « La créance d'aliments, a-t-on dit, se trouve fixée dans les cas prévus aux articles précités, soit à l'amiable, soit judiciairement ; il faut conclure de là que la cession ou la saisie des créances en question ne peut avoir lieu dans les termes de la loi nouvelle interprétés comme ils doivent l'être avant qu'un règlement en ait déterminé le montant ; ainsi un père ne pourrait céder ou on ne pourrait saisir à son encontre les droits éventuels qu'il tient de la loi à une pension sans être exposé aux restrictions de la loi nouvelle (la jurisprudence valide les cessions ou les saisies des créances éventuelles) ; la cession ou la saisie ne sera possible qu'autant qu'il y aura eu préalablement un règlement amiable ou judiciaire de la pension :

Il paraît à peine nécessaire de faire remarquer que les salaires des ouvriers et les traitements des employés ne dépassant pas 2.000 francs, devant rester libres jusqu'à concurrence des 7/10 en principe, sauf l'exception dont il a été parlé plus haut, la saisie ou cession ayant pour cause une pension alimentaire, déterminée régulièrement, mais supérieure à 1/10 du salaire de l'ouvrier ou du traitement d'un employé ne dépassant pas 2.000 francs, aura pour conséquence de restreindre les saisies, cessions ou retenues postérieures au profit d'autres personnes que du titulaire de la pension alimentaire dans la mesure de la différence entre les 3/10 du salaire et le montant de la pension alimentaire, à moins que celle-ci ne soit égale ou supérieure à 3/10, cas auquel il n'y a plus de place pour les saisies, cessions ou retenues postérieures.

Demandons-nous maintenant ce qu'il faut entendre par : ouvriers, gens de service, employés, fonctionnaires.

CHAPITRE III.

DÉFINITION DE CE QU'IL FAUT ENTENDRE PAR : OUVRIERS, GENS DE SERVICE, EMPLOYÉS, FONCTIONNAIRES.

§ 1er. — *Des ouvriers.*

On désigne sous le nom d'ouvriers, les individus qui, sous la direction d'un patron et moyennant un prix convenu, concourent à l'exercice d'une profession manuelle, tels sont « les ouvriers cordonniers, charpentiers, maçons, les ouvriers des mines des fabriques, etc...! Peu importe qu'ils soient payés à la journée, à la pièce, à prix fait, à tant la mesure.

L'artisan n'est pas un ouvrier, car il travaille sous sa propre direction. La loi nouvelle n'est donc pas applicable à l'artisan.

§ 2. — *Des gens de service.*

Les gens de service sont ceux qui, moyennant un prix convenu appelé salaire, s'occupent soit des personnes, soit des choses qui se trouvent dans une maison ou dans une ferme « tels sont les domestiques, les bouviers, les bergers, etc..., mais par exemple les clercs d'avoué, d'huissier, de notaire ne sont ni des ouvriers ni des gens de service, car leurs fonctions exigent plutôt de l'intelligence qu'un travail manuel ; nous verrons dans un instant la catégorie dans laquelle ils doivent être rangés.

§ 3. — *Des employés.*

Les employés sont des personnes qui se distinguent des ouvriers ou des gens de service, en ce que leur profession demande pour son exercice une certaine somme d'efforts intellectuels joints ou non à un labeur matériel : ainsi les artistes engagés dans les théâtres, les commis de banque ou de commerce, les clercs d'avoué, de notaire, d'huissier sont des employés. On appelle traitements, les appointements que reçoivent les employés.

§ 4. — *Des fonctionnaires.*

Les fonctionnaires sont les employés au service de l'État, du département, de la commune, par exemple : les magistrats de l'ordre administratif ou judiciaire, les ingénieurs des ponts et chaussées, etc. ; en conséquence ne sont pas fonctionnaires, les ouvriers de manufactures de tabac ou d'allumettes dans les arsenaux, les chemins de fer de l'État, les garçons de bureau dans les ministères, les préfectures ou les palais de justice, parce qu'ils se livrent à un travail purement manuel. Que décider en ce qui concerne les ministres d'un culte reconnu par l'État ? faut-il les ranger parmi les fonctionnaires : d'excellents esprits se prononcent pour la négative; nous penchons en faveur de l'affirmative, par la raison qu'ils sont rétribués par l'État ou la commune et qu'ils sont soumis à la surveillance du gouvernement.

Mais comment l'huissier chargé de former une opposition saura-t-il le chiffre du traitement du débiteur?

Dans le cours des travaux législatifs au Sénat, M. Rattier, rapporteur, a expliqué que l'huissier s'adresserait au patron pour être éclairé et il a ajouté que dans tous les cas, il incombait au créancier qui voulait pratiquer une saisie-arrêt, de prendre ses renseignements; en conséquence et en cas de difficulté, ce sera soit au juge des référés, soit au juge de paix saisi de la question, de décider dans sa sagesse, si le traitement doit être considéré comme supérieur ou non à 2.000 francs.

CHAPITRE IV.

DES ÉLÉMENTS QUI DOIVENT ENTRER DANS LA COMPUTATION DU SALAIRE OU DU TRAITEMENT.

A l'égard des employés soit des administrations publiques, soit des administrations privées, doit-on pour établir le chiffre du traitement, compter les gratifications ?

Nous ne le pensons pas, car la gratification est un don fait par le patron, qui peut l'accorder une année et le refuser l'année suivante; c'est un aléa qui est en dehors du traitement et le créancier de l'employé n'a pu légitimement compter que sur le traitement normal de son débiteur.

Cette gratification sera-t-elle soumise à la remise du dixième ?

Non, car l'opposition est formée sur ce que doit ou devra le patron, or le patron ne doit pas de gratification; le créancier n'a pas le droit de se plaindre, car il n'a pas pu baser le crédit fait par lui sur une gratification que le patron était libre de donner ou de ne pas donner.

Que décider à l'égard des indemnités de logement accordées à certains employés? Cette indemnité doit-elle être comptée pour la fixation du chiffre du traitement?

Non, car elle n'est pas la rémunération du travail de l'employé mais seulement en quelque sorte, le remboursement du loyer par lui payé.

Faut-il compter dans le traitement des employés le prix des travaux supplémentaires que ceux-ci peuvent faire en dehors des heures de bureau?

Non, car dans cette hypothèse l'employé se trouve en quelque sorte titulaire de deux traitements, l'un ordinaire, l'autre extra-ordinaire qui est le traitement relatif aux heures supplémentaires et le législateur n'a eu manifestement en vue qu'un seul traitement : or, ce traitement est le traitement ordinaire.

Il arrive qu'un employé reçoit un traitement fixe et un intérêt dans les bénéfices de la maison à laquelle il est attaché; dans ce cas il est vrai de dire que les bénéfices font partie du traitement, car si l'employé n'était pas appelé à recueillir une fraction des bénéfices, il recevrait un traitement plus élevé que ne l'est le traitement fixe reçu par lui.

Que décider au sujet des frais de route attribués à un commis voyageur?

Ces frais sont le remboursement anticipé des dépenses que le commis voyageur est obligé de faire pour l'exercice de sa fonction et non la rémunération du travail du commis; il en serait autrement de la commission allouée en dehors des frais de voyage, car elle est la rémunération d'un travail accompli par l'employé dans les fonctions qui lui sont propres.

La loi nouvelle est-elle applicable à l'individu qui ne reçoit aucune allocation et qui perçoit seulement, pour les affaires faites par lui, une commission destinée à le couvrir de ses frais de route et à lui faire obtenir la rémunération de ses peines et soins?

Non car il est un commerçant agissant à ses risques et périls, en un mot un courtier et non un employé.

CHAPITRE V.

DES RETENUES SUR LE SALAIRE AU PROFIT DU PATRON.

L'art. 4 de la loi nouvelle porte ce qui suit : aucune compensation ne s'opère au profit des patrons entre le montant des salaires dus par eux à leurs ouvriers et les sommes qui leur seraient dues à eux-mêmes pour fournitures diverses, quelle qu'en soit la nature, à l'exception toutefois :

1° Des outils ou instruments nécessaires au travail ;

2° Des matières et matériaux dont l'ouvrier a la charge et la garde ;

3° Des sommes avancées pour l'acquisition de ces objets.

L'art. 5 continue en ces termes : « Tout patron qui fait une avance en espèces en dehors du cas prévu par le § 3 de l'art. 4 qui précède ne peut se rembourser qu'au moyen de retenues successives ne dépassant pas le dixième du montant des salaires ou appointements exigibles. »

La retenue opérée de ce chef ne se confond ni avec la partie saisissable ni avec la partie cessible portée en l'art. 2.

Les acomptes sur un travail en cours ne sont pas considérés comme avances.

La compensation étant un mode d'extinction d'une dette établie par la loi s'opère de plein droit.

Mais pour que cet effet se produise, il faut que les deux dettes soient liquides et exigibles : liquides, c'est-à-dire qu'elles soient également certaines et résultent, soit d'un titre, soit d'un accord entre le créancier et le débiteur, exigibles, c'est-à-dire que l'époque de l'échéance soit arrivée.

La compensation dont parle l'art. 4 ne peut s'opérer que dans les trois cas suivants : avances faites pour procurer à l'ouvrier des outils ou instruments de travail ; remboursement du prêt des objets précités fournis à l'ouvrier ; paiement des matières et des matériaux confiés à l'ouvrier pour l'exécution de son travail.

Dans toutes les autres hypothèses, le patron qui a fait des avances en espèces à l'ouvrier ne peut pas compenser ce que lui doit celui-ci avec sa créance ; il ne peut que se retenir sur le salaire des acomptes qui ne peuvent pas dépasser un dixième de celui-ci mais ce dixième ne se confond pas avec le dixième saisissable....

Que décider si le patron est créancier pour fournitures diverses autres que celles énumérées dans l'art. 4 n°s 1, 2 et 3 de la loi ou pour avances autres qu'en espèces ?

Le patron se trouvera dans la situation d'un créancier ordinaire et devra, pour se faire rembourser de sa note de fournitures, pratiquer entre ses propres mains une saisie-arrêt du dixième, ou bien, s'il y a déjà une saisie-arrêt, intervenir comme il sera expliqué ci-après ; dans cette hypothèse, il viendra en concours avec les créanciers saisissants ou opposants.

La prohibition de retenir plus d'un dixième pour avances, s'applique-t-elle aux acomptes payés par le patron sur des sommes dues pour un travail en cours ?

Non, car il n'y a pas avance, mais paiement.

Que faut-il entendre par outils ou instruments nécessaires au travail, matières et matériaux dont l'ouvrier à la charge et l'usage ?

§ 1er. — *Outils ou instruments nécessaires au travail.*

Ces objets sont ceux dont l'ouvrier a besoin dans l'exercice de sa profession ; tels sont les marteaux, ciseaux des maçons ; les scies, etc., des menuisiers ; les ciseaux des tailleurs, etc.

§ 2.

Les matières et matériaux dont l'ouvrier a la charge et l'usage, sont les choses que le patron lui confie pour les façonner ; tel est le livre que le relieur confie à l'ouvrier pour le relier ou le réparer ; le pantalon remis à l'ouvrier tailleur pour le ravauder ; l'étoffe livrée à l'ouvrier pour en faire un vêtement etc.

Observation. — Les dispositions de l'art. 4 ne s'appliquent qu'à l'ouvrier, puisque le texte de la loi ne vise que le salaire des ouvriers ; mais l'art. 5 parle non seulement des salaires mais encore des appointements ; le mot appointements prouve bien que le législateur a entendu appliquer cet article à l'employé comme à l'ouvrier.

Le patron et l'ouvrier ou l'employé auraient-ils le droit de s'entendre pour convenir que la compensation s'opérerait même pour les avances en nature qui sont en dehors des prévisions de l'art. 5?

Certes non : une pareille convention serait illicite car elle aurait pour conséquence de faire naître l'inconvénient auquel le législateur a voulu obvier par ses prescriptions.

CHAPITRE VI.

PROCÉDURE DE SAISIE-ARRÊT SUR LES SALAIRES ET PETITS TRAITEMENTS.

§ 1er. — *Des formalités préalables à la validité de la procédure de saisie-arrêt.*

La loi du 9 janvier 1895 a voulu réaliser une procédure rapide et peu coûteuse pour la saisie-arrêt des salaires d'ouvriers et des petits traitements d'employés : le juge de paix la dirige en partie, à la différence de la législation antérieure sous l'empire de laquelle les saisies étaient en dehors de la compétence de ce magistrat. Autrefois et encore actuellement pour les saisies-arrêts qui continuent à être régies par le Code de procédure civile, les formalités débutent par un exploit signifié à la requête du créancier au tiers saisi ; si le créancier n'a pas de titre, il doit s'adresser au président du tribunal qui accorde ou refuse l'autorisation ; puis on procède ensuite à la dénonciation et contre-dénonciation ; la loi de 1895 apporte les dérogations suivantes au système du Code de procédure civile :

« Art. 6. — La saisie-arrêt sur les salaires et les appointements ou traitements ne dépassant pas annuellement 2.000 francs, ne pourra être pratiquée s'il y a titre, que sur le visa du greffier de la justice de paix du domicile du débiteur saisi.

« S'il n'y a point de titre, la saisie-arrêt ne pourra être pratiquée qu'en vertu de l'autorisation du juge de paix du domicile du débiteur saisi. Toutefois, avant d'accorder l'autorisation, le juge de paix pourra, si les parties n'ont déjà été appelées en conciliation, convoquer devant lui, par un simple avertissement, le créancier et le débiteur; s'il survient un arrangement, il en sera tenu note par le greffier, sur un registre spécial exigé par l'art. 14.

« L'exploit de saisie-arrêt contiendra en tête l'extrait du titre s'il y en a un, ainsi que la copie du visa et, à défaut de titre, copie de l'autorisation du juge. L'exploit sera signifié au tiers saisi ou à son représentant préposé au paiement des salaires ou traitements, dans le lieu où travaille le débiteur saisi. »

Ainsi lorsque le créancier n'a pas de titre, il devra s'adresser au juge de paix et la loi ajoute « au juge de paix du domicile du débiteur saisi; il résulte de là que le juge de paix du domicile du tiers saisi et celui du domicile du créancier saisissant sont tous les deux incompétents pour autoriser la saisie-arrêt des appointements ou salaires d'un débiteur qui n'est pas domicilié dans leur canton toutefois lorsque les appointements ne dépassent pas 2.000 francs (à la différence de l'art. 558 du Code de procédure civile, qui donne compétence pour autoriser la saisie-arrêt au juge du domicile du saisi et à celui du domicile du tiers saisi); c'est pourquoi l'innovation du législateur de 1895 est vivement critiquée; on y voit une intention manifeste de favoritisme au profit du débiteur saisi. Un premier inconvénient qui en résultera est le suivant : L'ouvrier étant obligé par son travail même de changer de domicile assez souvent. les créanciers qui voudront former une saisie-arrêt sur leur débiteur ne sauront pas s'il y a eu déjà ou s'il n'y a pas eu d'autres oppositions; le second, c'est que si un grand industriel occupe un nombre considérable d'ouvriers habitant dans plusieurs cantons, à Paris dans plusieurs arrondissements, il sera obligé de comparaître devant plusieurs juges de paix et sera, par suite, fort disposé à congédier les ouvriers ayant des oppositions. Une modification législative s'impose pour remédier aux inconvénients signalés. A cet effet nous proposons la compétence du juge de paix du domicile du tiers saisi.

Le juge de paix peut, avant d'autoriser la saisie-arrêt, imposer au saisissant le préliminaire du billet d'avertissement à moins qu'il ne préfère convoquer sans frais les parties devant lui; c'est une faculté pour lui que l'emploi de ces convocations amiables, mais elles n'ont rien d'obligatoire.

Qu'arriverait-il si le saisissant s'adressait à un juge de paix autre que celui du domicile du saisi?

Nous pensons que la procédure serait susceptible d'être annulée, si cette annulation était demandée par l'une des parties intéressées avant toute défense au fond.

Devant quel juge de paix cette nullité devrait-elle être proposée?

Devant le juge de paix qui serait saisi par le créancier de la demande en validité de la saisie-arrêt.

D'après le dernier paragraphe de l'art. 6, la saisie-arrêt doit contenir en tête l'extrait du titre s'il y en a un, ainsi que la copie du visa et, à défaut de titre, copie de l'autorisation du juge.

Ces mentions sont nécessaires pour garantir que l'opposition a été faite régulièrement.

La loi ne dit pas en quelle forme sera demandée l'autorisation du juge de paix lorsqu'elle sera nécessaire : l'art. 15 portant que les autorisations seroient rédigées sur papier libre et enregistrées sans frais, il est clair que la requête présentée au juge devra être établie sur papier libre aussi.

L'opposition ou saisie-arrêt doit-elle être suivie de dénonciation et de contre-dénonciation ?

Le législateur de 1895 est muet à cet égard ; d'où il faut conclure que ces formalités ne sont pas nécessaires.

Lorsqu'il y a titre, l'opposition ou saisie-arrêt est formée sans l'intervention du juge de paix, par suite ce magistrat n'est pas appelé à exercer sa mission de conciliateur ; le créancier saisissant n'est tenu qu'à faire viser son titre par le greffier de la justice de paix du domicile du débiteur saisi. On s'est demandé si le greffier était obligé de viser tout titre qui lui était présenté ; dans son commentaire de la loi de 1895, M. Foignet estime que le greffier de paix ne devra viser qu'autant que le titre sera timbré et enregistré et après avoir consulté son juge. M. Bressolles, le savant professeur à la Faculté de droit de Toulouse, enseigne à son cours l'opinion contraire : qu'importe, dit-il, que le titre ne soit ni timbré ni enregistré, il peut y avoir des amendes encourues mais le titre n'en existe pas moins ; quant au conseil à demander au juge de paix par le greffier officieusement, rien de moins naturel, car le greffier vise sous sa propre responsabilité pécuniaire. La doctrine de M. Bressolles, nous parait beaucoup plus juridique que celle de M. Foignet qui tend à créer une fin de non recevoir dont le texte de la loi ne fait nullement mention.

Lorsque le créancier saisissant n'a pas de titre, le juge de paix est investi de la mission facultative de concilier les parties. Au cas où il réussit à les concilier, l'arrangement est mentionné sur un registre spécial tenu par le greffier du juge de paix aux termes de l'art. 14 de la loi dont nous nous occupons : ce registre doit être établi sur papier non timbré et ensuite coté et paraphé par le juge de paix.

Qu'arrivera-t-il si les parties n'ont pu s'entendre ?

Le juge de paix autorisera la saisie-arrêt ou bien il ne l'autorisera pas. Dans le premier cas, l'ordonnance d'autorisation sera délivrée sur papier libre et enregistrée gratis ; de plus elle sera relatée sur le registre spécial du greffier de paix dont nous avons parlé précédemment ; si le juge de paix refuse son autorisation, le créancier n'a qu'à poursuivre son débiteur en justice pour obtenir un titre contre lui car sa décision est un acte de juridiction gracieuse qui n'est susceptible d'aucun recours.

Nous avons indiqué antérieurement que la requête à fin de saisie-arrêt devait être écrite sur papier libre, etc., s'ensuit-il que le législateur ait voulu proscrire les requêtes verbales? Nous ne le pensons pas ; la lettre et l'esprit du texte répugnent à cette proscription. En effet, aucune disposition de la loi de 1895 ne prohibe les requêtes verbales et quant à l'esprit de ladite loi il n'est pas contraire non plus à l'interprétation dont il s'agit, car la thèse opposée conduirait à ce résultat que l'ouvrier, par exemple, qui ne sait pas écrire et qui veut opérer une saisie-arrêt entre les mains d'un autre ouvrier se trouverait dans la nécessité de recourir à l'intervention souvent onéreuse d'une tierce personne pour exercer son droit.

Remarque. — Avant d'accorder l'autorisation de saisir-arrêter, le juge de paix doit se faire représenter les pièces qui justifient, au moins en apparence, le bien fondé de la prétention du requérant.

L'art. 7 est ainsi libellé : « L'autorisation accordée par le juge évaluera ou énoncera la somme pour laquelle la saisie-arrêt sera formée. »

Le débiteur pourra toucher du tiers saisi la portion non saisissable de ses salaires, gages ou appointements.

Une seule saisie-arrêt doit être autorisée par le juge. S'il survient d'autres créanciers, leur réclamation, signée et déclarée sincère par eux et contenant toutes les pièces de nature à mettre le juge à même de faire l'évaluation de la créance, sera inscrite par le greffier sur le registre exigé par l'art. 14. Le greffier se bornera à en donner avis dans les quarante-huit heures au débiteur saisi et au tiers saisi, par lettre recommandée qui vaudra opposition.

Il résulte de l'économie de ce texte, que le juge de paix est obligé d'énoncer dans son autorisation la somme pour laquelle la saisie-arrêt est accordée et comme copie de cette autorisation doit être donnée en texte de l'exploit, il s'ensuit que cet acte contiendra nécessairement l'évaluation provisoire de la créance du saisissant.

Mais si la saisie-arrêt est pratiquée en vertu d'un titre de créance non liquide, faudra-t-il préalablement s'adresser au juge de paix pour faire évaluer provisoirement la créance?

Nous ne le pensons pas; il suffira, comme cela se pratique en matière ordinaire, que l'évaluation en question soit faite par le créancier dans l'exploit de saisie-arrêt, toutefois il sera prudent de s'adresser au juge de paix avant d'agir.

La partie finale de l'art. 7 vise le cas où plusieurs créanciers se présentent successivement pour faire une saisie-arrêt; en pareille occurrence, une seule saisie-arrêt doit être autorisée par le juge, mais le titre de chacun des créanciers sera mentionné sur le registre prescrit par l'art. 14 dont nous avons déjà parlé et aucune distribution de deniers ne devra être faite sans que lesdits créanciers en soient informés.

Qu'arriverait-il si plusieurs créanciers se présentaient à la fois pour autorisation à fin de saisie-arrêt devant le juge de paix?

Une autorisation collective devrait être accordée à ces

créanciers réunis et cela, dans une seule et même ordonnance.

Le greffier ne devrait-il pas viser les titres de chacun de ces créanciers?

L'affirmative ne nous paraît pas douteuse; le greffier ne doit refuser de viser que si un premier visa est déjà mentionné sur le registre : tel n'est pas le cas où plusieurs créanciers présentent en même temps et à la fois leur titre au visa du greffier de paix.

Il peut se faire qu'un créancier ait plusieurs titres, dans ce cas le greffier doit-il viser chacun d'eux?

Le greffier devra viser les titres en vertu desquels le créancier déclarera dans sa requête vouloir pratiquer sa saisie-arrêt.

Que faut-il entendre par titre?

Il faut entendre par titre : l'acte authentique, l'acte sous seing privé; des bons signés du débiteur.

Quid, des tailles, des registres domestiques ou des livres de commerce tenus par les créanciers?

Ce ne sont pas des titres pouvant motiver une saisie-arrêt; le greffier devra leur refuser son visa.

Comment doit procéder le créancier à l'encontre du greffier qui refuse injustement de lui donner visa?

Il peut actionner le greffier en dommages-intérêts soit devant le juge de paix si le préjudice causé n'excède pas 200 francs soit devant le tribunal civil si ce préjudice dépasse 200 francs.

Comment se nomme la personne entre les mains de qui est pratiquée une saisie-arrêt?

Elle est désignée sous le nom de tiers-saisi; la loi de 1895 n'est applicable que lorsque le tiers-saisi est un patron ou un maître. Toutefois si ces derniers ont un représentant ou un mandataire chargé de payer les salaires ou traitements dans le lieu où travaille le débiteur saisi, le saisissant peut faire signifier l'exploit de saisie-arrêt à ce mandataire ou représentant: si le patron est une personne morale telle que : l'État, le département ou la commune, des lois et règlements administratifs indiquent entre les mains de qui la saisie-arrêt doit être pratiquée; ainsi pour les employés communaux la saisie-arrêt doit être pratiquée entre les mains du receveur municipal dans les communes qui en ont un et dans les autres entre celles du percepteur chargé de percevoir les recettes municipales. — Les sommes dues par les départements pour les traitements de leurs employés sont ordonnancées par le préfet et payées par le trésorier général du département ; la saisie-arrêt de ces traitements doit être pratiquée par suite entre les mains du trésorier général du département. Les fonctionnaires au service de l'État sont payés, à la trésorerie générale s'ils sont domiciliés dans l'arrondissement du chef-lieu du département. et à la recette particulière des finances s'ils sont domiciliés dans un arrondissement autre que celui du chef-lieu ; il semble que la saisie-arrêt à leur préjudice devra être pratiquée dans le premier cas entre les mains du trésorier-payeur général du département et dans le second cas entre les mains du receveur particulier de l'arrondissement, mais une circulaire du ministre des finances en date du 24 août 1895 décide que toujours les oppositions devront être signifiées aux trésoriers généraux à l'exclusion des percepteurs et receveurs particuliers des finances.

Le tiers-saisi peut être lui-même créancier de son employé ou ouvrier, peut-il pratiquer entre ses propres mains une saisie-arrêt ?

L'affirmative n'est pas douteuse, et s'il y a déjà une précédente saisie, le tiers-saisi devra intervenir dans les termes de l'art. 7 de la loi de 1895.

L'art. 8 de cette loi dispose que l'huissier saisissant sera tenu de faire parvenir au juge de paix. dans le délai de huit jours à dater de la saisie, l'original de l'exploit, sous peine d'une amende de 10 francs qui sera prononcée par le juge de paix en audience publique...

Ce texte s'applique exclusivement à la première opposition, parce qu'elle est seule formée par acte d'huissier.

Le législateur de 1895 a voulu se montrer sévère vis-à-vis l'huissier parce que la négligence de cet officier ministériel pourrait amener de nouvelles saisies par huissier, dans l'ignorance où l'on serait de la première saisie. L'huissier justifiera qu'il a rempli son obligation en produisant un récépissé du dépôt effectué par lui entre les mains du greffier pour le juge de paix ; le récépissé sera délivré par le greffier de paix.

§ 2. — *Des formalités postérieures qui tendent à la validité de la procédure de saisie-arrêt.*

L'art. 9 est ainsi conçu : « Tout créancier saisissant, le débiteur et le tiers saisi pourront requérir la convocation des intéressés devant le juge de paix du débiteur saisi, par une déclaration consignée sur le registre spécial prévu en l'art. 14. »

Dans les quarante-huit heures de cette réquisiton, le greffier adressera ; 1° au saisi ; 2° au tiers-saisi ; 3° à tous créanciers opposants, un avertissement recommandé à comparaître devant le juge de paix à l'audience que celui-ci aura fixée.

A cette audience ou à toute autre fixée par lui, le juge de paix, prononçant sans appel dans la limite de sa compétence et à charge d'appel à quelque valeur que la demande puisse s'élever, statuera sur la validité, la mainlevée de la saisie ainsi que sur la déclaration affirmative que le tiers-saisi sera tenu de faire séance tenante.

Le tiers saisi qui ne comparaîtra pas, ou qui ne fera pas sa déclaration, ainsi qu'il est dit ci-dessus, sera déclaré débiteur pur et simple des retenues non opérées, et condamné aux frais par lui occasionnés.

Il résulte de ce texte, qu'à l'audience fixée par le juge de paix, le tiers saisi est tenu de venir faire sa déclaration affirmative qui devra porter : 1° sur le montant du salaire ou traitement ; 2° sur la somme due à l'ouvrier ou à l'employé : l'art. 9 ajoute que le juge de paix prononcera sans appel « dans la limite de sa compétence, et à charge d'appel à quelque valeur que la demande puisse s'élever, sur la validité, la nullité ou la mainlevée de la saisie, ainsi que sur la déclaration affirmative que le tiers saisi sera tenu de faire séance tenante (ce qui doit être entendu en ce sens que le juge de paix est compétent en dernier ressort pour statuer sur la validité, etc., si la créance saisie-arrêtée n'excède pas 200 francs et dans le cas contraire il ne sera compétent qu'à charge d'appel).

Observation. — Il y a lieu de remarquer que l'acte qui saisit le juge de paix est la réquisition de convocation consignée sur le registre du greffier.

Lorsque la créance pour sûreté de laquelle la saisie-arrêt aura été formée, sera contestée et excédera la compétence du juge de paix, c'est-à-dire dépassera 200 francs, ce magistrat renverra les parties à se pourvoir devant le tribunal compétent pour statuer sur l'existence et la quotité de la dite créance, après quoi il jugera la demande en validité quand le sort de la créance aura été fixé par la juridiction compétente.

Le tiers saisi peut-il faire sa déclaration ailleurs qu'à l'audience fixée par le juge de paix ? Le § 4 de l'article 3 porte ce qui suit : « Le tiers saisi qui ne comparaîtra pas ou qui ne fera pas sa déclaration », ce qui implique que la loi reconnaît au tiers saisi le droit de faire sa déclaration ailleurs qu'à l'audience du tribunal de paix : ainsi il pourrait la faire par une simple lettre missive adressée au juge de paix compétent c'est-à-dire au juge de paix du domicile du saisi ; le tiers saisi a encore la faculté de faire sa déclaration au greffe de la justice de paix du canton de son domicile, conformément à l'art. 571 du Code de procédure civile, il peut même charger un mandataire par procuration de faire cette déclaration.

Lorsque la déclaration ne sera pas faite à l'audience, il va sans dire qu'elle devra intervenir avant que le juge de paix ait condamné le tiers saisi comme débiteur pur et simple, faute de n'avoir pas fait sa déclaration.

D'après l'état de la législation actuelle, lorsque le tiers saisi est un fonctionnaire, celui-ci n'est pas tenu de faire une déclaration affirmative ; il doit purement et simplement, sur la demande du saisissant, délivrer un certificat énonçant le montant de la somme due au saisi (V. loi du 19 août 1807) ou constatant qu'il ne lui sera rien dû. Cette disposition est applicable aux saisies-arrêts prévues par la loi du 12 janvier 1895. Au lieu d'adresser un avis de convocation au tiers saisi (fonctionnaire), le greffier devra réclamer par lettre recommandée à celui-ci. le certificat indiqué par l'art. 6 de la loi de 1807. Dans le cas où ce certificat serait refusé par le tiers saisi, le saisissant pourrait se plaindre à ses chefs hiérarchiques. et si cela ne suffisait pas, il pourrait l'assigner en dommages-intérêts devant les tribunaux.

Aucune forme spéciale n'est exigée pour la déclaration du tiers saisi. il est cru sur sa simple affirmation ; cependant il pourrait être exigé de lui des pièces justificatives, telles que : quittances, extraits dûment certifiés de ses livres de commerce. etc. Si le tiers saisi refusait de faire sa déclaration affirmative. ou faisait une déclaration inexacte, mensongère etc., il pourrait être condamné à des dommages-intérêts vis-à-vis du saisissant qui en aurait éprouvé un préjudice ; il pourrait même être déclaré débiteur pur et simple des retenues non opérées sur le traitement de l'employé ou le salaire de l'ouvrier, jusqu'à concurrence des causes de la saisie-arrêt.

Quelle sera la juridiction compétente pour connaître de cet incident de procédure ?

Le juge de paix en dernier ressort jusqu'à 100 francs et en premier ressort, au delà de cette somme, quel que soit l'intérêt du litige.

Il peut arriver que la déclaration affirmative une fois faite, le saisissant veuille la contester ; cet incident sera encore tranché par le juge de paix d'après les règles que nous venons d'indiquer pour les autres incidents.

Lorsque le tiers saisi a fait sa déclaration régulière, et que toute contestation entre lui et le saisissant a été vidée, il ne restera plus au juge de paix qu'à valider ou à annuler suivant les circonstances la saisie-arrêt pratiquée par le créancier. Mais dans la pratique les choses ne vont pas toujours aussi simplement : parfois le saisi pourra faire défaut ; d'autres fois ce sera le tiers saisi ; assez rarement, mais enfin le cas pourra se produire. le saisissant fera défaut. Le juge de paix, dans l'hypothèse du saisissant défaillant, donnera défaut contre lui et le déboutera de sa demande avec condamnation aux dépens ; dans les deux autres hypothèses, un jugement par défaut sera rendu contre la partie défaillante « tiers saisi ou saisi ».

L'art. 10 indique de quelle façon ce jugement sera porté à la connaissance du défaillant, de quelle voie de recours il est susceptible, etc.

Ce texte est ainsi conçu : « Si le jugement est rendu par défaut, avis de ses dispositions sera transmis par le greffier à la partie défaillante, par lettre recommandée, dans les cinq jours du prononcé ».

L'opposition qui ne sera recevable que dans les huit jours de la date de la lettre, consistera dans une déclaration à faire au greffe de la justice de paix, sur le registre prescrit par l'art. 14.

Toutes parties intéressées seront prévenues, par lettre recommandée du greffier, pour la plus prochaine audience utile. Le jugement qui interviendra sera réputé contradictoire. L'appel relevé contre le jugement contradictoire sera formé dans les dix jours du prononcé du jugement, et, dans le cas où il aurait été rendu par défaut, du jour de l'expiration des délais d'opposition, sans que, dans le cas du jugement contradictoire, il soit besoin de le signifier.

Il résulte de l'économie de la disposition ci-dessus que le greffier de paix est chargé de donner avis à la partie défaillante par lettre recommandée, du jugement par défaut, dans les cinq jours du prononcé. L'opposition ne sera recevable que dans les huit jours de la date de la lettre d'avis du greffier et elle consistera en une déclaration au greffe de la justice de paix sur le registre prescrit par l'art. 14. — Les parties seront citées à l'audience par lettre recommandée. — Le délai d'appel est de dix jours; il court du jour de l'expiration des délais d'opposition; comme le législateur n'indique pas dans quelle forme l'appel doit être interjeté, il y a lieu d'admettre qu'il doit l'être par acte d'huissier. Notre art. 10 mentionne expressément que l'appel relevé contre le jugement contradictoire devra être formé dans les dix jours du prononcé du jugement; il supprime ainsi la signification de ces jugements qui était exigée autrefois, qu'ils fussent d'ailleurs rendus contradictoirement ou par défaut.

Lorsqu'il n'y a qu'un seul créancier saisissant et que le juge de paix valide la saisie-arrêt, il fixera le montant de la créance du saisissant et enjoindra au tiers saisi de retenir à chaque époque fixée pour le paiement du traitement ou salaire le dixième de ce qui pourra être dû au saisi et il ordonnera que ce dixième calculé depuis la signification de l'exploit de saisie-arrêt soit versé entre les mains du saisissant jusqu'à parfait paiement de sa créance et des frais de l'instance. Il va sans dire que si la somme due au créancier saisissant est inférieure au dixième d'une échéance de traitement ou de salaire, le juge de paix ne devra ordonner l'attribution et le versement entre les mains de celui-ci que de la somme nécessaire pour lui solder sa créance.

Lorsqu'il y a plusieurs créanciers saisissants, il y a lieu alors à la procédure dite de distribution. A la différence de la législation du Code de procédure civile, la loi de 1895 veut que la distribution judiciaire des salaires ou traitements inférieurs à 2.000 fr., qui ont été saisis, soit précédée d'une tentative de répartition ou distribution amiable ; une autre divergence entre les deux législations consiste en ce que le tiers saisi est dispensé de consigner les fonds qui auront été saisis entre ses mains par la dite loi de 1895. Deux autres innovations ont été créées par la même loi ; l'une a pour but de permettre au juge de paix de surseoir à la convocation des parties intéressées, tant que la somme à distribuer ne sera pas assez considérable pour rendre possible la distribution aux créanciers d'un dividende de 20 0/0 au moins ; la dernière modification a trait aux frais de saisie-arrêt dont le législateur de 1895 autorise le prélèvement sur la somme à distribuer, tandis que le Code de procédure civile ne contenant aucune disposition analogue, la jurisprudence décide qu'ils ne peuvent figurer dans une distribution par contribution que comme accessoires et au rang de la créance pour laquelle ils ont été exposés. C'est là l'objet des art. 11 et 12 de la loi de 1895, qu'il est inutile de citer à la lettre, car nous venons d'en faire connaître l'économie.

Avant d'entrer dans l'étude de la matière des distributions, il est utile d'être fixé sur la portée des jugements de validité de saisie-arrêt.

CHAPITRE VII.

DE LA PORTÉE DES JUGEMENTS DE VALIDITÉ DE SAISIE-ARRÊT.

Ce jugement attribue la somme due par le tiers saisi au jour de la déclaration affirmative, s'il n'y a pas eu consignation (car si le tiers saisi n'est pas tenu de consigner aux termes de la loi de 1895, il a la faculté de le faire) et si le tiers saisi est un fonctionnaire, au jour de la délivrance du certificat qu'il doit délivrer et qui remplace pour lui la déclaration affirmative, aux créanciers qui sont en cause dans l'instance en validité de la saisie-arrêt ou qui se feront connaître et réclameront avant la clôture de la distribution si elle est amiable, et si elle est judiciaire, avant que le travail du juge de paix, qui est une véritable décision contentieuse, ait acquis l'autorité de la chose jugée.

Si le tiers saisi a consigné, la somme qui devra être attribuée sera celle qui aura été déposée à la Caisse des dépôts et consignations.

Lorsqu'il n'y aura pas eu consignation, les quotités de traitement ou de salaire échues entre le jugement de validité de la saisie et la déclaration affirmative ou la délivrance du certificat s'il s'agit d'un tiers saisi fonctionnaire, sont attribuées avant d'être échues aux créanciers ayant figuré dans l'instance en validité, d'où il faut conclure que le juge de paix a le droit, d'une manière générale, d'opérer des retenues futures de salaire ou de traitement jusqu'à parfait paiement des sommes dues aux créanciers précités.

Enfin, nous devons faire remarquer que dans le jugement de validité, le juge de paix doit statuer sur la déclaration du tiers saisi, à la différence de la législation du Code de procédure civile, qui ne permet même d'assigner le tiers saisi en déclaration affirmative que si le saisissant a un titre authentique (V. toutefois sous le § 2 du chapitre IV ce qui a été dit relativement aux exceptions concernant les déclarations affirmatives qui sont faites ailleurs qu'au tribunal de paix).

CHAPITRE VIII.

DE LA PROCÉDURE DE DISTRIBUTION AMIABLE ET JUDICIAIRE.

§ 1er. — *Créanciers qui doivent y figurer.*

L'ouverture de toute distribution soit amiable, soit judiciaire s'opère tout simplement par la convocation des parties intéressées devant le juge de paix ; à cet effet le greffier est chargé d'envoyer des lettres recommandées aux créanciers, au tiers saisi et à la partie saisie, dans lesquelles il leur indiquera le jour et l'heure auxquels ils devront comparaître ; toutefois la convocation ne pourra être faite qu'après que le jugement ayant validé la saisie-arrêt et les oppositions aura acquis l'autorité de la chose jugée.

Quels sont les créanciers qui ont qualité pour figurer à la procédure de distribution ?

Nous savons qu'il y a deux sortes de distribution : l'une amiable et l'autre judiciaire ; dans le cas de distribution amiable, nous pensons que les créanciers qui se seront faits connaître, c'est-à-dire qui auront fait leur réclamation au greffe sur le registre spécial de l'art. 14, avant que le juge de paix ait clôturé son travail de répartition, devront être colloqués dans la répartition amiable, sinon le procès-verbal de distribution pourrait être attaqué par voie d'action principale en nullité devant le tribunal de paix.

Que décider en matière de distribution judiciaire ?

Ce genre de distribution a le caractère, suivant nous, d'une décision judiciaire contentieuse. Dès lors, les créanciers qui ne se seront pas fait connaître avant l'expiration des délais d'opposition et d'appel seront forclos. La voie de l'opposition est ouverte à la partie qui régulièrement convoquée fait défaut, et la voie de l'appel, à celle dont la créance ou l'intérêt pécuniaire dépassera 100 francs (V. l'art. 10 de la loi du 12 janvier 1895 pour les délais d'opposition et d'appel).

Le créancier qui aurait réclamé ou se serait fait connaître avant la confection de l'état de répartition et cependant aurait été omis dans cet état, pourra se pourvoir par la voie de la tierce-opposition devant le juge de paix en appelant devant lui toutes les parties en cause dans la distribution (V. art. 474 du Code de procédure civile pour la tierce-opposition).

Une seule distribution ne sera pas le plus souvent suffisante pour désintéresser tout le monde : des répartitions subséquentes devront être établies. Les créanciers qui pourront participer à ces nouvelles distributions sont ceux qui n'auront pas été complétement désintéressés dans la précédente (aux termes en effet de l'art. 12 de la loi de 1895, les effets de la saisie-arrêt et des oppositions postérieures continuent à subsister jusqu'à complète libération du débiteur).

Le Code de procédure civile ne prévoit pas les sous-distributions ; en un mot, les créanciers d'un créancier colloqué ne peuvent pas demander que la collocation de leur débiteur soit répartie dans le procès-verbal de distribution entre eux proportionnellement à leur créance, parce que cette manière de procéder aurait pour conséquence d'entraver la marche de la procédure ; par identité de raison et en présence du silence du législateur de 1895, il échoit de décider que sous l'empire de la loi nouvelle, les sous-distributions sont prohibées à moins que les parties intéressées ne donnent les mains à ce qu'il en soit autrement.

§ 2. — *De quelle façon le juge de paix doit-il procéder au classement des créanciers dans son état de répartition ?*

Le juge de paix doit d'abord colloquer les créances privilégiées et classer celles-ci entre elles d'après le rang que leur assigne la loi.

Avant même les privilèges, il devra colloquer par voie de prélèvement, ou de distraction, ou de rétention, la créance du patron pour le coût des outils ou instruments nécessaires au travail de l'ouvrier, pour celui des matières et matériaux dont l'ouvrier a la charge et l'usage, pour les sommes avancées pour l'acquisition de ces mêmes objets (V. art. 4 §§ 1, 2 et 3 de la loi du 12 janvier 1895).

Pourquoi cela ?

Parce que la loi de 1895, dans un esprit largement démocratique, voulant permettre à l'ouvrier de trouver facilement du travail, sollicite le patron à lui en donner, en lui créant une situation exceptionnelle, pour le recouvrement de ses avances, c'est-à-dire qu'il est autorisé à compenser les sommes à lui dues pour les causes énumérées à l'art. 4 $\S$ 1, 2 et 3 de la loi du 12 janvier 1895 avec le salaire dû par lui à son ouvrier: il retient puisqu'il a déjà main garnie, or le droit de rétention est le plus beau des privilèges et passe à raison même de sa nature avant tous autres.

Le juge de paix colloquera au deuxième rang les frais de distribution et ceux de la saisie-arrêt, car ils ont servi à la liquidation du gage commun et sont des frais de justice qui doivent venir au premier rang des privilèges aux termes de l'art. 2101 du Code civil à la matière des privilèges (sauf ce que nous avons dit en ce qui concerne la créance du patron).

Viendra ensuite au troisième rang, le privilège du Trésor pour le recouvrement de la contribution directe, personnelle et mobilière, celle des portes et fenêtres ainsi que de la patente pour l'année échue et l'année courante (conformément à l'art. 1er de la loi du 12 novembre 1808).

Au quatrième rang sera colloqué le privilège des frais funéraires, lorsqu'ils ont été payés pour le défunt à la fabrique de l'église ou à l'administration des pompes funèbres suivant le cas, ou qu'ils leur sont dus. Ces frais comprennent l'ensevelissement, le port du corps, l'ouverture de la fosse, l'occupation du terrain nécessaire à la sépulture, les lettres d'invitation ou de faire-part, les frais du service religieux.

Au cinquième rang devront être placés les frais de dernière maladie, c'est-à-dire de la maladie qui a précédé l'événement qui donne lieu à la distribution, que ce soit le décès ou la déconfiture du débiteur... Ce privilège appartient à tous ceux qui ont donné des soins ou fourni des médicaments au malade : médecin, pharmacien, sage-femme, garde-malade.

Au sixième rang, le juge de paix colloquera les salaires des gens de service pour l'année échue et ce qui est dû pour l'année courante; cette dernière année est celle dans laquelle a lieu la distribution des deniers (nous avons défini précédemment ce qu'il fallait entendre par gens de service).

Au septième rang enfin viendront les créances pour fournitures de subsistances faites au débiteur ou à sa famille, savoir : pour les six derniers mois par les marchands en détail, tels que boulangers, bouchers et autres pendant la dernière année par les maîtres de pension et marchands en gros (V. art. 2101, n° 5).

Les fournitures de subsistances sont les fournitures de denrées nécessaires au débiteur ou à sa famille pour se nourrir, ou les fournitures d'éclairage, de chauffage et autres, propres à la consommation du débiteur et de sa famille ; celle-ci comprend non seulement les parents ou alliés du débiteur qui vivent avec lui mais encore les domestiques qui sont attachés à sa personne.

Après les créances privilégiées, viennent les créances chirographaires toutes au même rang ; s'il n'y a pas fonds suffisants pour désintéresser complètement tous les créanciers chirographaires, ceux-ci n'ont droit qu'à un dividende de leur créance calculé sur les bases d'une répartition proportionnelle appelée répartition au marc le franc ou vulgairement à tant pour cent.

Toutefois il peut arriver que le débiteur ait cédé et transporté comme il en a le droit (V. art. 2, L. du 12 janvier 1895), le dixième de son traitement ou salaire ; il est intéressant de se demander à quel rang devra être placé le créancier auquel cette cession ou transport aura été consenti?

Si, antérieurement à la signification de l'exploit de saisie-arrêt, la cession a été signifiée au patron, ou le débiteur a accepté dans un acte authentique la cession, le créancier cessionnaire devra être colloqué avant tous autres créanciers saisissants ou opposants, qu'ils soient privilégiés ou chirographaires, car le transport signifié ou accepté investit le cessionnaire de la propriété de la somme cédée et dès lors en rend la saisie postérieure inopérante et même impossible : la créance qui se trouvera cédée dans les conditions dont nous venons de parler devra être classée avant les privilèges et immédiatement après les frais de distribution.

Par voie de conséquence, les cessions ou transports ayant une cause alimentaire (V. art. 3 de la loi du 12 janvier 1895) et ne se trouvant pour ce motif soumis à aucune restriction, pourront absorber, le cas échéant, la totalité de la somme mise en distribution dans la répartition.

Lorsque la signification de la cession ou transport n'aura eu lieu qu'après la saisie-arrêt et avant que le jugement de validité ait acquis l'autorité de la chose jugée, le transport-cession viendra en concours avec les autres créances.

Le juge de paix, une fois son travail de distribution terminé, devra, aux termes de l'art. 11 de la loi de 1895, en faire envoyer une copie signée de lui et du juge par lettre recommandée à chaque ayant-droit, c'est-à-dire aux créanciers colloqués, au débiteur saisi et au tiers saisi. — Cette copie, ainsi que la minute, sont exemptées de timbre et doivent être enregistrées gratis; la lettre recommandée du greffier est exempte de timbre et d'enregistrement: le greffier a droit à un émolument de 2 francs pour chaque copie de l'état de répartition et à 1 franc par extrait; il a droit en outre à un émolument de 50 centimes pour l'envoi de la lettre recommandée.

CHAPITRE IX.

DES VOIES DE RECOURS CONTRE LA DISTRIBUTION JUDICIAIRE ET AMIABLE.

Si l'état de répartition fait grief à quelqu'une des parties intéressées, celle-ci peut l'attaquer par la voie de l'opposition, de l'appel ou de la tierce-opposition, s'il s'agit d'une distribution judiciaire (V. pour les délais de l'appel et de l'opposition l'art. 10 de la loi du 12 janvier 1895 et pour la tierce-opposition l'art. 474 du Code de procédure civile); quant à la répartition amiable, elle ne peut avoir lieu que du consentement de toutes les parties intéressées (créanciers, saisi, tiers saisi) qui doivent, à peine de nullité, apposer leur signature à côté de celle du juge de paix et du greffier sur le procès-verbal de distribution; dans ces conditions, la partie qui n'est pas d'avis de donner les mains à une répartition amiable n'a qu'à ne pas signer le procès-verbal, ou si elle ne sait pas signer, à exprimer son refus verbalement au juge de paix et alors ce magistrat devra se rabattre sur le mode de la répartition dite judiciaire.

La distribution judiciaire réglée par le juge de paix étant à notre avis un véritable jugement est exécutoire de plein droit contre le tiers saisi, et s'il a consigné, contre la Caisse des dépôts et consignations. Si le tiers saisi refuse de payer au vu de la copie de l'état de répartition que lui présentera un créancier colloqué, celui-ci réclamera au greffier une expédition de l'état de répartition ou plutôt un extrait de l'état de répartition revêtu de la formule exécutoire, ce qui lui permettra d'agir contre le tiers saisi par la voie parée.

Enfin l'état de répartition judiciaire confère, comme tous les jugements en général, hypothèque sur les biens du tiers saisi, pour le montant des collocations.

Quant à l'état de répartition amiable, il donne au créancier qui y est colloqué, une action directe contre le tiers saisi, mais il n'emporte pas hypothèque et n'est pas un titre exécutoire : si le tiers saisi se refusait à payer l'un des créanciers colloqués, celui-ci, pour pouvoir pratiquer une saisie-exécution ou une saisie immobilière, serait tenu d'actionner le tiers saisi devant le tribunal compétent afin d'obtenir contre lui un jugement de condamnation, c'est-à-dire devant le juge de paix, si le montant de la collocation ne dépassait pas 200 francs, et devant le tribunal civil, dans le cas contraire ; si le tiers saisi avait consigné et que le préposé à la caisse refusât de payer, le créancier pourrait le traduire devant les tribunaux pour le faire condamner personnellement à des dommages-intérêts, dont l'appréciation serait de la compétence de la justice de paix ou du tribunal de première instance, suivant les distinctions ci-devant indiquées, et au besoin, il pourrait se plaindre au Ministre des finances qui a surveillance sur les receveurs généraux et particuliers des finances, préposés ordinaires de la Caisse des consignations.

Nous devons faire observer qu'aucune capacité spéciale n'est requise pour pouvoir consentir à une répartition amiable devant le juge de paix : il s'agit de la demande et de l'acceptation d'une chose purement mobilière ; par conséquent de tels actes rentrent dans les pouvoirs des mandataires ou administrateurs de la fortune d'autrui, tels que : tuteurs, maris, gérants d'une société.

Demandons-nous maintenant comment le tiers saisi, s'il n'y a pas consignation, et la Caisse, dans le cas contraire, va payer les créanciers qui ont été colloqués dans la répartition amiable ou judiciaire ? Cela va faire l'objet d'un chapitre spécial.

CHAPITRE X.

Le tiers saisi, porte l'art. 11 de la loi du 12 janvier 1895, paie à chaque créancier le montant de sa collocation, et celui-ci lui donnera quittance en marge de l'état de répartition qui sera remis au dit tiers saisi et lui servira de décharge.

S'il y a consignation, la Caisse ne paiera, conformément à ses instructions que contre une quittance à elle délivrée, mais peut-elle exiger une quittance notariée ; et faire supporter aux créanciers les frais d'une quittance même sous seing-privé ?

La négative *a priori* ne parait pas douteuse et, après de multiples hésitations, elle parait avoir été définitivement consacrée par la jurisprudence (Voir Dalloz, Recueil périodique année 1892, page 187 et 188, partie 2e) ; l'argument principal qui est mis en avant à l'appui de la doctrine que nous préconisons est tiré de l'art. 1248 qui dispose que les frais du paiement sont à la charge du débiteur.

CHAPITRE XI.

L'art. 15 de la loi du 12 janvier 1895 dispose, dans un esprit tout à fait libéral, que tous les actes de procédure, tels : qu'exploits, autorisations, jugements, décisions, procès-verbaux et états de répartition, qui pourront intervenir en exécution de la dite loi seront rédigés sur papier non timbré et enregistrés gratis.

L'art. 14 de la même loi prescrit aux greffiers de paix, la tenue d'un registre établi sur papier non timbré, mais coté et paraphé par le juge de paix ; sur ce registre doivent être inscrits les actes suivants : visas et ordonnances autorisant une saisie-arrêt, le dépôt de l'exploit d'une saisie-arrêt, la réquisition de la convocation des parties, les arrangements intervenus, les interventions des autres créanciers, la déclaration faite par le tiers saisi, la mention des avertissements ou lettres recommandées transmises aux parties, les décisions du juge de paix, la répartition entre les ayants-droit des sommes saisies-arrêtées.

En outre, nous devons indiquer qu'un décret du 8 février 1895 rendu en exécution de l'art. 16 de la loi du 12 janvier 1895, fixe les émoluments des greffiers de paix pour l'envoi de lettres recommandées, à 50 centimes, à moins qu'il s'agisse de la notification d'un jugement par défaut, cas auquel le greffier aura droit à 1 fr. 75 c.; ce même décret tarifie l'émolument relatif à la copie de l'état de répartition à 2 francs et l'extrait à 1 franc.

Enfin une disposition du dit décret exige que les greffiers de paix se servent, pour éviter les inconvénients d'une détérioration trop facile, d'un papier de même qualité que celui de la demi-feuille de timbre de 0 fr. 60 c., et afin d'éviter l'usage des formats trop exigus, il veut que ce papier soit de la même dimension que la feuille en question pour la notification des jugements et des états de répartition.

CHAPITRE XII.

DE LA PROROGATION DE COMPÉTENCE.

L'art. 7 du Code de procédure civile autorise les parties à se présenter volontairement devant un juge de paix et à lui soumettre leur différend, pour qu'il le juge.

Conformément à la disposition précitée, les parties auraient la faculté, si elles étaient toutes d'accord et en remplissant les formalités exigées par ledit art. 7, de faire valider la saisie-arrêt par un juge de paix de leur choix, pourvu que dans ce cas, l'exploit de saisie-arrêt fût remis au juge de paix ainsi investi de la confiance des parties.

Le juge qui a statué sur la saisie-arrêt a qualité par voie de conséquence pour procéder à la répartition des deniers saisis, et à l'exclusion de tous autres, parce qu'il possède seul les éléments avec lesquels peut être établie la répartition des deniers saisis.

Toutefois, si tous les créanciers étaient d'accord entre eux et avec le saisi, pour procéder à une répartition amiable, rien ne les empêcherait de se présenter devant un juge de paix autre que celui qui a statué sur la saisie-arrêt pour faire constater leur accord, par un procès-verbal de conciliation.

Les parties pourraient-elles attribuer compétence au juge de paix pour la validité de saisies-arrêts de traitements au-dessus de 2.000 francs?

Nous pensons que oui, car la jurisprudence admet la prorogation de compétence *de quantitate ad quantitatem* pour les justices de paix même dans les matières qui sont en dehors de la compétence de ces magistrats : ainsi les demandes mobilières et personnelles supérieures à 200 francs peuvent faire l'objet d'une prorogation de compétence du juge de paix ;

Réciproquement nous estimons que toutes les autres sortes de saisies-arrêts répugnent à l'idée de prorogation de la compétence du tribunal de paix, parce qu'elles sont par leur *nature* en dehors de *cette compétence* et que la prorogation *de re ad rem* est défendue.

FORMULES DE PROCÉDURE

APPLICABLES

à la Loi du 12 janvier 1895.

N° 1. — Formule de la requête à adresser au juge de paix du canton du domicile du débiteur saisi.

A M. le juge de paix du canton de...

Le sieur (nom, prénoms, profession et domicile du requérant), a l'honneur de vous exposer qu'il est créancier du sieur ouvrier ou employé au traitement de..., inférieur à 2.000 francs chez M. X... (indiquer le nom, la profession, le domicile du patron et, s'il s'agit d'un fonctionnaire, la fonction qu'il remplit sera exactement précisée) pour une somme de... à lui due pour cause de (la cause de la dette sera exprimée).

Que toutes les démarches amiables pour parvenir au recouvrement de la dite créance ont échoué et qu'il a le plus grand intérêt à saisir le traitement ou le salaire de son débiteur.

C'est pourquoi il vous prie, M. le juge de paix, de vouloir bien l'autoriser, conformément aux dispositions de la loi du 12 janvier 1895, à former entre les mains de (indiquer le nom, les prénoms, la profession et le domicile du patron destiné à devenir le tiers saisi, ou s'il s'agit d'un fonctionnaire, la personne entre les mains de qui doit être pratiquée la saisie-arrêt) une saisie-arrêt sur le dixième du traitement ou du salaire du sieur et ce pour sûreté et avoir paiement de la somme de à laquelle vous voudrez bien évaluer la créance en principal, intérêts et frais. Et vous ferez justice.

(Lieu, date et signature du requérant).

Joindre à l'appui toutes pièces utiles s'il y en a.

ORDONNANCE.

Nous,   , juge de paix du canton de
Vu la requête qui précède (si la requête est verbale, on mettra :
Vu les explications verbales qui nous ont été présentées).

Autorisons le sieur X..., créancier domicilié à   , à former entre les mains du sieur (faire connaitre le nom du patron s'il s'agit d'un employé ou d'un ouvrier ou du comptable préposé aux paiements des traitements s'il s'agit d'un fonctionnaire) une saisie-arrêt sur le dixième du traitement ou du salaire du sieur (indiquer le nom du débiteur saisi et son domicile) pour sûreté et avoir paiement de la somme de
à laquelle nous évaluons provisoirement sa créance en principal, intérêts et frais.

(Si la créance est inférieure au dixième du traitement ou du salaire échu, le juge de paix peut autoriser le débiteur saisi à toucher le surplus) ; dans ce cas le juge de paix s'exprime ainsi :

Disons qu'en laissant entre les mains du tiers saisi ou en déposant *telle somme* à la Caisse des dépôts et consignations avec affectation spéciale et délégation expresse au profit de la créance du requérant en principal, intérêts et frais, pour le cas où elle serait ultérieurement reconnue, la partie saisie est autorisée à toucher le surplus de ce qui lui est dû.

A   , le

(Signature du juge de paix).

Lorsque la créance ne sera pas liquide, quoique fondée en titre, une requête devra être présentée au juge de paix pour faire liquider cette créance et le juge de paix, par ordonnance au bas de la requête, liquidera la créance en principal, intérêts et frais au moyen d'une évaluation provisoire. La formule de la requête sera ainsi conçue :

N° 2. — A monsieur le juge de paix du canton de

Le sieur (nom du créancier saisissant) domicilié à
a l'honneur de vous exposer qu'il est créancier du sieur (nom, profession et domicile de la personne à saisir) en vertu d'un titre (décrire ce titre) pour une somme à déterminer ultérieurement ; que l'exposant se propose de faire pratiquer une saisie-arrêt au préjudice dudit sieur susnommé sur le traitement ou salaire qu'il touche en qualité de   , chez le sieur

C'est pourquoi il vous prie de vouloir bien évaluer sa créance en principal, intérêts et frais contre le sieur (indiquer le nom du saisi) à la somme de   et ce provisoirement, à fin de saisie-arrêt.

    Fait à   le   .

(Signature du créancier).

FORMULE DE L'ORDONNANCE.

    Nous,   , juge de paix du canton de
Vu la requête qui précède, évaluons provisoirement à
                la somme pour laquelle le sieur   créancier, pourra former saisie-arrêt au préjudice du sieur (la partie débitrice) sur le traitement ou salaire qu'il touche en sa qualité d'employé ou d'ouvrier chez le sieur   .

    Fait en notre cabinet à   le   .

Le juge de paix.

N° 3. — Formule de l'exploit de saisie-arrêt.

    L'an   , le   (indiquer l'année, le mois, le jour),
je   , huissier à la résidence de   canton
de   arrondissement de   .

Agissant en vertu (dire si c'est en vertu d'un titre authentique ou sous seing privé enregistré et dans ce cas faire connaître qu'il a été visé par le greffier de la justice de paix, ou s'il s'agit de l'autorisation du juge de paix) duquel titre ou de laquelle autorisation copie est donnée en tête de celle des présentes, et à la requête du sieur (reproduire le nom, les prénoms, la profession et le domicile du créancier saisissant) pour lequel domicile est élu (l'élection de domicile doit être faite au lieu de la demeure du tiers saisi), j'ai, huissier soussigné, dit et déclaré au sieur (nom, prénoms, profession et domicile du tiers saisi)   , que le requérant est opposant comme de fait il s'oppose formellement par les présentes à ce que le susnommé paie et vide ses mains en d'autres que celles du requérant de la quotité saisissable aux termes de l'art. 1ᵉʳ de la loi du 12 janvier 1895, du traitement ou salaire qu'il doit ou qu'il devra au dit sieur (copier le nom du saisi) son employé ou son ouvrier, à moins que par justice, il en soit autrement ordonné, et ce, à peine de payer deux fois et d'être personnellement responsable des causes de la présente opposition....

4

Lui déclarant qu'elle est ainsi formée pour avoir paiement de la somme de   montant des causes énoncées (au titre ou dans l'ordonnance survisé, ou susvisée); sous toutes réserves.....

Si le tiers saisi se trouve être le représentant du patron, par exemple son caissier, on mettra : au sieur   représentant du sieur   patron, caissier, etc....

(Signature de l'huissier.)

N° 4. — Formule du dépôt de l'exploit à inscrire au registre prévu par l'art. 14 de la loi du 12 janvier 1895.

L'an   le   (indiquer l'année, le mois et le jour) au greffe de la justice de paix du canton de arrondissement de   a comparu   le sieur   huissier (si c'est un clerc d'huissier, il sera expliqué qu'il agit au nom et comme mandataire de son patron), lequel a déposé l'original d'un exploit en date du   enregistré, portant saisie-arrêt à la requête du sieur   créancier saisissant, domicilié à   du traitement ou salaire du sieur   domicilié à   entre les mains du sieur   domicilié à   .

(Signature du greffier).

N° 5. — Formule du visa à inscrire sur le registre prescrit par l'art. 14.

Nous,   greffier de la justice de paix, déclarons avoir visé cejourd'hui (indiquer l'année, le mois et le jour) un titre de créance (authentique ou sous seing privé) souscrit au profit de   (indiquer le nom du créancier) par   (indiquer le nom du débiteur) et en vertu duquel une saisie-arrêt a été pratiquée suivant exploit du ministère de   (faire connaître le nom de l'huissier et sa résidence) au profit du sieur   (nom du créancier saisissant) contre X..., tiers saisi ès-mains de Z..., tiers saisi.

Fait au greffe de la justice de paix le   .

(Signature du greffier).

Il suffira que sur le titre, le greffier mette : vu le
(indiquer l'an, le mois, le jour) par nous greffier soussigné.

(Signature du greffier au-dessous).

Nº 6. — Réclamation d'un créancier.

L'an   le   au greffe de la justice de paix
du canton de   a comparu le sieur   demeurant à   qui a déclaré être créancier du sieur (nom du
débiteur saisi) pour une somme de   à laquelle peut
être évaluée provisoirement sa créance en principal, intérêts et
frais et qu'en conséquence il se portait opposant à tout paiement
en d'autres mains que les siennes des deniers saisis au préjudice
du débiteur susnommé ès-mains du tiers saisi (indiquer le nom
du tiers saisi).

A l'appui de son opposition, le réclamant a déposé au greffe
les pièces justificatives suivantes : un acte sous seing privé, une
expédition d'un acte authentique, etc., et il a signé avec le greffier soussigné ou avec nous greffier après lecture.

(Signature du créancier et du greffier).

Nº 7. — Avertissement au tiers saisi et au débiteur saisi.

(Au saisi).

Le greffier de la justice de paix du canton de   informe M. X...   (indiquer le nom de X... qui est le débiteur saisi) qu'il s'est porté opposant le   au greffe de la
justice de paix du canton de   à tout paiement en d'autres mains que les siennes des deniers saisis au préjudice du débi.
teur X...   , susnommé, pour une somme de
ès mains du sieur Z... (faire connaître le nom du sieur Z...,
tiers saisi).

(Signature du greffier au-dessous.)

(Au tiers saisi).

Une formule semblable peut être employée pour avertir le tiers
saisi.

N° 8. — Formule de la requête qui doit être adressée au juge de paix pour demander la convocation des parties intéressées devant le tribunal de paix pour faire statuer sur le mérite d'une saisie-arrêt.

Le sieur   (nom du créancier saisissant) a l'honneur de prier M. le juge de paix du canton de   de vouloir convoquer devant lui le nommé   (nom du saisi) et le sieur   (nom du tiers saisi), ainsi que M.   (nom du créancier opposant) pour telle audience qu'il lui plaira de fixer à l'effet de statuer sur le sort de la saisie-arrêt pratiquée à sa requête contre   (nom du saisi) ès mains du sieur   (tiers saisi) et ce sera justice.

(Signature du requérant).

Si ce dernier ne sait pas signer, la requête devra être faite dans la forme suivante : Devant nous, juge de paix a comparu, etc., qui nous a exposé ce qui suit : (reproduire la relation des faits ci-dessus).

(Signature du juge de paix avec indication de la date de la requête).

ORDONNANCE.

Nous, juge de paix, vu la requête qui précède, ordonnons que les parties intéressées dans la saisie-arrêt dont il s'agit dans la requête en question, seront convoquées par les soins de notre greffier pour notre audience du   à l'heure de   Fait en notre cabinet, le

(Signature du juge).

N° 9. — Formule de l'avertissement convoquant les parties.

Au nom de M. le juge de paix du canton de

Les nommés : 1°
— 2°
— 3° } noms et domicile des parties convoquées.
— 4°

sont invités à comparaître le   à l'audience publique
de la justice de paix du canton de   séant à
heure de   pour voir statuer sur le mérite de la saisie-
arrêt pratiquée suivant exploit du ministère de,   huissier à la résidence de   au préjudice de
ès mains de   et sur la déclaration affirmative de ce
dernier, avertissant celui-ci que s'il ne se présente pas, il sera jugé
par défaut.

Fait au greffe de la justice de paix, le   .

Le greffier.

N° 10. — Modèles de la déclaration du tiers saisi à faire au greffe ou à l'audience.

(Au greffe).

L'an   , devant nous, greffier de la justice de paix du canton
de   a comparu le sieur   (tiers saisi) qui
nous a exposé que, par exploit du ministère de
huissier à la résidence de   une saisie-arrêt a été pratiquée entre ses mains au préjudice de   (indiquer le
nom du saisi) sur le montant du salaire ou du traitement de celui-
ci et qu'en exécution de la saisie précitée, il affirme sincère et
véritable, la déclaration suivante : Le sieur   partie
saisie est ouvrier à mon service ou employé chez moi au salaire
de   ou au traitement de   . Au moment où
l'exploit m'a été notifié, il lui était dû une somme de
      sur laquelle j'ai retenu le dixième, soit   .

Dans le cas où il y aurait eu des oppositions après la saisie,
le déclarant les indiquera et le nom des créanciers opposants
sera énoncé à la suite.

S'il y a eu des avances ou des fournitures faites par le patron,
celui-ci les indiquera et joindra les pièces justificatives.

• Acte a été octroyé au comparant de sa déclaration et il a signé
avec nous, après lecture.

(Signature du greffier et du déclarant ou mention
qu'il ne sait pas signer).

Si la déclaration est faite à l'audience, la formule doit être
ainsi conçue : A l'audience publique du   tenue par
M. le juge de paix du canton de   a été faite la déclaration suivante : (copier ou suivre la formule précédente).

N° 11. — Modèle de jugement validant une saisie-arrêt lorsqu'il n'y a qu'un créancier intéressé dans la saisie-arrêt.

Attendu que la saisie-arrêt pratiquée à la requête de
(énoncer le nom, les prénoms et le domicile du créancier saisissant) suivant exploit de   huissier à la résidence de   et à la date du   au préjudice de
ès mains de   pour avoir paiement de la somme de   à lui due en vertu (énoncer la cause de la dette, et le titre s'il y en a, qui la constate),
Est régulière en la forme et justifiée au fond.

Attendu d'autre part que, d'après la déclaration du tiers saisi, le sieur   (partie saisie) touche un salaire de
ou des appointements de   payables (indiquer les époques de paiement) et qu'au moment de la notification de l'exploit, le tiers saisi était débiteur de la somme de
Qu'en conséquence il y a lieu de valider la saisie-arrêt dont s'agit et d'attribuer au saisissant les sommes retenues ou à retenir jusqu'à parfait paiement de sa créance.

Par ces motifs,

Le tribunal de paix, déclare bonne et valable la saisie-arrêt précitée, dit en conséquence que le sieur   (tiers saisi) versera immédiatement entre les mains du sieur
(créancier saisissant) la somme de   déjà retenue par lui, ainsi que celles qu'il retiendra à l'avenir jusqu'à parfait paiement de la créance du sieur   et des dépens de la présente instance qui sont à la charge du saisi et dont le montant est liquidé à

N° 12. — Si au lieu de valider la saisie-arrêt, le jugement l'annule, la formule de celui-ci devra être ainsi conçue :

Attendu que la saisie-arrêt pratiquée suivant exploit de   huissier à la résidence du   est irrégulière en la forme (si elle contient des vices de forme) ou non fondée (si elle a été injustement pratiquée).

Par ces motifs,

Le tribunal de paix déclare nulle et de nul effet la saisie-arrêt précitée et en ordonne la mainlevée; condamne le saisissant aux dépens liquidés à

N° 13. — Formule du jugement par défaut contre le tiers saisi.

(Reproduire les énonciations contenues au modèle du jugement validant une saisie-arrêt.)

Puis à la suite : Attendu que le sieur (nom du tiers saisi) n'a pas comparu, bien que régulièrement convoqué, ni n'a fait aucune déclaration affirmative ; que dans ces conditions, il y a lieu de déclarer le tiers saisi débiteur pur et simple des retenues non opérées au saisi à partir du jour de la signification de l'exploit de saisie-arrêt en date du   , et de décider en outre dans le cas où ces retenues ne seraient pas suffisantes pour désintéresser le créancier saisissant) que le tiers saisi devra retenir à l'avenir, à chaque échéance du traitement ou du salaire, le dixième de ce traitement ou de ce salaire jusqu'à parfait paiement de la somme due au créancier saisissant.

Par ces motifs,

Le tribunal de paix donne défaut contre le tiers saisi, faute de comparaître ou d'avoir fait sa déclaration ; le déclare en conséquence débiteur pur et simple de la somme de   qu'il a dû retenir au saisi à partir du   date de la signification de l'exploit de saisie-arrêt en date du   et dit en outre qu'il devra retenir à l'avenir (dans le cas où ces retenues ne seraient pas suffisantes pour désintéresser le créancier saisissant) à chaque échéance du traitement ou du salaire, le dixième de ce traitement ou de ce salaire jusqu'à parfait paiement de la somme due au créancier saisissant ; et condamne le débiteur saisi aux dépens.

N° 14. — Formule du jugement de validité de saisie-arrêt, lorsqu'il y a plusieurs créanciers saisissants ou opposants.

(Dans les motifs du jugement, chaque créancier avec le montant de la somme qui lui est due, sera indiqué), puis le magistrat de paix ajoutera qu'il échoit de valider les diverses saisies-arrêts ou oppositions formées par les créanciers et d'ordonner l'ouverture d'une contribution pour répartir entre les divers ayants-droit les deniers saisis.

Par ces motifs,

Le tribunal de paix déclare bonne et valable la saisie-arrêt pratiquée le   à la requête du   suivant exploit de   à la résidence de   et les réclamations postérieures des sieurs : 1° } indiquer les noms, prénoms et domicile des créanciers opposants.
— 2° }
— 3° }

Donne acte au tiers saisi, de ce qu'il a déclaré avoir retenu depuis l'exploit de saisie-arrêt en date du   le dixième du traitement ou salaire échu à   (nom du saisi), lequel dixième est de

Ordonne en outre (si les retenues ne sont pas suffisantes pour désintéresser tous les créanciers) qu'à l'avenir, le tiers saisi devra retenir, à chaque échéance du traitement ou du salaire du saisi, le dixième de ce traitement ou de ce salaire, pour être lesdites retenues réparties à qui il appartiendra par la voie de la contribution jusqu'à désintéressement complet des sommes dues aux créanciers saisissants et réclamants.

N° 15. — Formule pour aviser la partie défaillante qu'un jugement par défaut a été rendu entre elle.

Le greffier de la justice de paix du canton de
Avise M.   qu'à la date du   un jugement par défaut a été rendu contre lui et que le dispositif de ce jugement est ainsi conçu : (copier le dispositif).

M.   est averti qu'il a un délai de huit jours à partir de la date de la présente lettre pour former opposition au jugement précité.

Fait au greffe de la justice de paix, le

(Signature du greffier).

N° 16. — Déclaration d'opposition à un jugement de défaut.

L'an   le   devant nous   greffier, a comparu au greffe de la justice de paix du canton de   le sieur   (nom, prénoms et domicile de l'opposant) qui a déclaré former opposition à un jugement de défaut rendu contre lui à l'occasion de la procédure de saisie-arrêt suivie   (indiquer contre qui et à la requête de qui est suivie cette procédure), et il a signé avec nous. Si l'opposant ne sait pas signer, le greffier en fera mention.

N° 17. — Formule pour donner avis de l'opposition.

Le greffier de la justice de paix du canton de   informe M.   que le sieur   a fait opposition au jugement de défaut rendu à la date du   et le prévient que l'opposition sera vidée à l'audience du   en conséquence il est invité à s'y présenter.

(Signature du greffier).

N° 18. — Formule de répartition amiable.

L'an   le   , devant nous   juge de paix du canton de   assisté du greffier soussigné,

Ont comparu les ci-après nommés :

1° (créancier saisissant, domicilié à)
2° (créancier réclamant, domicilié à)
3° (créancier réclamant, domicilié à)
4° Le sieur   tiers saisi.
5° Le sieur   partie saisie.

A la suite d'une réquisition faite au greffe (indiquer le nom de la personne qui a requis la convocation des parties intéressées), les créanciers ci-dessus ont été convoqués pour notre audience du   pour voir statuer sur le sort de la saisie-arrêt et des diverses oppositions ci-dessus :

L'opposition du sieur   a été validée pour une somme de

L'opposition du sieur   a été validée pour une somme de

L'opposition du sieur   a été validée pour une somme de

Ce jugement est devenu définitif à la date du

Ou si le jugement était en dernier ressort, il sera indiqué ce qui suit :

Ce jugement a été rendu en dernier ressort.

Le patron tiers saisi a déclaré qu'il a retenu ou saisi jusqu'à ce jour, une somme de   montant du dixième du traitement du tiers saisi depuis la date de l'exploit de saisie-arrêt jusqu'au jour de la déclaration affirmative.

Il résulte de là que la somme à distribuer est de

Les parties ont déclaré vouloir régler amiablement entre elles la distribution de la somme dont s'agit de la manière suivante :

Masse à distribuer.

Elle se compose : de la somme de   montant du dixième du traitement du tiers saisi depuis la date de l'exploit de saisie-arrêt jusqu'au jour de la déclaration affirmative et s'élevant à

S'il y a eu consignation de la somme à distribuer

La formule devra être rectifiée de la manière suivante

Masse à distribuer.

Elle se compose :

1° De la somme de   déposée à la Caisse des dépôts et consignations de   (ainsi que cela résulte du certificat du préposé à la dite Caisse en date du)   soit

2° Des intérêts de ladite somme, d'après le décompte de la Caisse, à ce jour, s'élevant à

Sur laquelle masse, doivent être prélevés par voie de distraction ou de rétention, les avances du patron ci-dessous spécifiées.

CHAPITRE 1er.

Art. 1er.

Le sieur   pour le coût des outils, des matières fournies à l'ouvrier (nom de l'ouvrier), etc.,   s'élevant à

Art. 2.

Le sieur   pour les frais de saisie-arrêt et de la présente distribution, y compris le coût des expéditions ou des extraits du présent règlement, qu'il a payés, soit

Art. 3.

Le privilége du Trésor pour : 1° la cote personnelle et mobilière de la partie saisie; 2° celle des portes et fenêtres; 3° la patente, pour l'année échue et l'année courante, s'élevant à

etc.   (Voir à l'art. 2 du chapitre VIII le classement des priviléges et hypothéques).

Après prélèvement des créances privilégiées, s'il reste quelque chose de la masse à distribuer, elle doit être répartie au marc le franc entre les créanciers chirographaires.

CHAPITRE II.

Sont colloqués en concurrence et au marc le franc entre eux les ci-après nommés.

Art. unique.

§ 1er.

Le sieur, pour la somme de dont le dividende à lui revenant est de .

§ 2.

Le sieur, pour la somme de dont le dividende à lui revenant est de

Etc...

Observation. — Il est bien entendu que si, après le prélèvement des créances privilégiées, il restait assez d'argent pour désintéresser les créanciers chirographaires, ceux-ci devraient être colloqués par l'intégralité de leur créance.

Comment fait-on pour obtenir le marc le franc ?

On divise la somme à distribuer par la totalité des créances à colloquer, on obtient ainsi un chiffre qui représente le marc le franc.

Quand on a fini de colloquer tous les créanciers qui doivent être admis dans la répartition amiable, on termine ainsi :

Attendu qu'il a été statué sur toutes les demandes en collocation, avons clos et arrêté le présent règlement amiable les jour, mois et an, que dessus.

Le tiers saisi présent s'engage à payer à chacun des créanciers ci-dessus, le montant de sa collocation au vu d'une copie des présentes qui lui sera délivrée et contre quittance que ce créancier lui donnera en marge de la copie des présentes qui sera également délivrée au tiers saisi, faute de quoi ce dernier y sera contraint par la voie de la demande en justice.

(Signature du juge, du greffier et des parties ou mention
qu'elles ne savent pas signer).

Si le tiers saisi a consigné, alors la formule *in fine* doit être ainsi modifiée :

Faisons mainlevée pure et simple, entière et définitive des saisies-arrêts, oppositions, transports signifiés à la Caisse en date du

Disons que M. le préposé de la Caisse des dépôts et consignations en payant à chacun des créanciers ci-devant colloqués, le montant de sa collocation, sera bien et valablement déchargé.

(Signature du juge et du greffier, ainsi que des parties).

N° 19. — Formule de répartition judiciaire.

L'an   le   Nous, juge de paix, assisté du greffier soussigné ;

Attendu que la tentative de distribution amiable faite par nous n'a pas abouti et que dès lors il y a lieu de répartir judiciairement entre les divers ayants-droit la somme à distribuer.

Ordonnons que la somme à distribuer sera répartie de la manière suivante : (Copier la formule précédente)

(Puis la fin sera conçue ainsi qu'il suit) : Disons que sur le vu de la copie des présentes, le sieur (tiers saisi) devra payer à chaque créancier colloqué le montant de sa collocation à peine d'y être contraint par toutes les voies de droit ; disons que moyennant ces paiements le tiers saisi sera libéré d'autant vis-à-vis du débiteur saisi.

Fait en notre prétoire les jour, mois et an que dessus.

(Signature du juge et du greffier).

S'il y a consignation, la formule devra être terminée comme celle de la distribution amiable lorsqu'il y a consignation.

N° 20. — Formule du bordereau de collocation.

RÉPUBLIQUE FRANÇAISE, au nom du Peuple Français
D'un état de répartition (judiciaire) dressé le   par
M. le juge de paix du canton de   lequel contient distribution entre les divers créanciers du sieur   des
sommes retenues par le sieur   (ou déposées à la Caisse
des dépôts et consignations).

Il a été extrait ce qui suit :

Le sieur (nom du créancier bénéficiaire du bordereau) a été
colloqué pour une somme de

En conséquence, nous, greffier du tribunal de paix du canton de
              avons délivré sur sa réquisition le présent bordereau
de collocation au profit de   demeurant à
pour la somme de   au paiement de laquelle somme
de   et du coût du présent bordereau de collocation

Sera le sieur (si c'est le tiers saisi qui paie), etc., ou la Caisse
(si celle-ci paie) contraint ou contrainte par toutes les voies de
droit, quoi faisant il ou elle sera valablement libéré d'autant.

Au greffe du tribunal de Mauriac, le

En conséquence, le président de la République française mande
et ordonne à tous huissiers sur ce requis de mettre le présent bordereau de collocation à exécution.

Aux procureurs généraux et aux procureurs de la République
près les tribunaux de première instance d'y tenir la main.

A tous commandants et officiers de la force publique de prêter
main forte lorsqu'ils en seront légalement requis.

— —

En terminant, il est bon de dire que la loi du 12 janvier 1895 que nous venons d'étudier est essentiellement
démocratique, car en restreignant la partie saisissable des
salaires et des petits traitements, elle assure l'existence
de la femme et des enfants du débiteur, tout en sauvegar-
dant dans une assez large mesure les intérêts des créanciers légitimes; en outre, elle diminue les frais énormes

de procédure que la saisie-arrêt et ses suites nécessitaient auparavant.

Enfin elle réalise un progrès vers l'idéal depuis longtemps à l'étude, à savoir « l'augmentation de la compétence des juges de paix ».

TABLE DES MATIÈRES.

Classement des formules.

Paris. — Imp. F. Pichot, 252, rue Saint-Jacques, et 24, rue Soufflot.

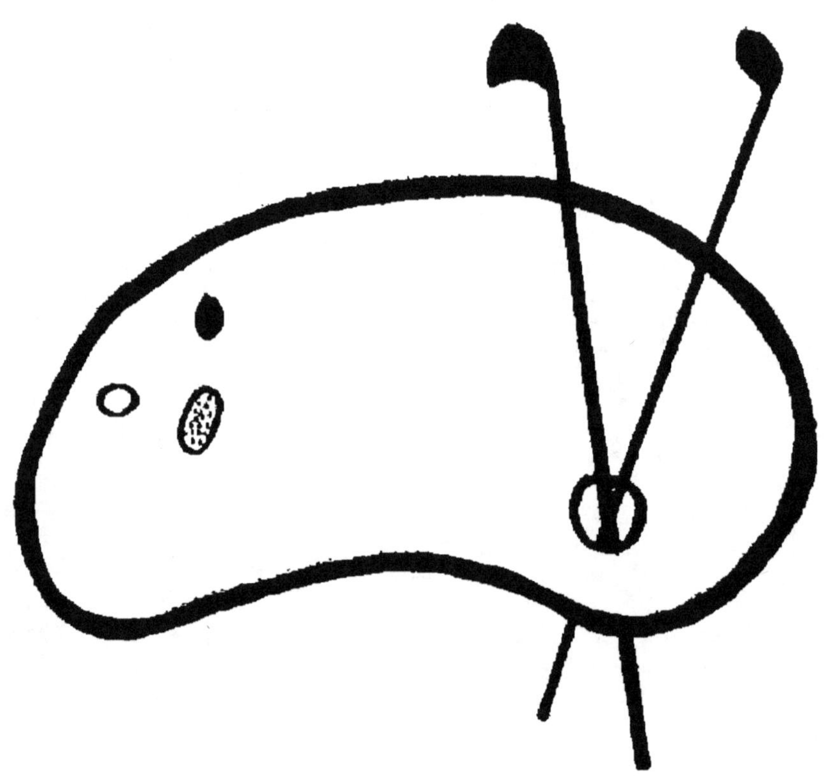

RED. :

19

MIRE ISO N° 1
NF Z 43-00?
AFNOR
Cedex 7 - 92080 PARIS-LA-DÉFENSE

37 98 89 70
graphicom